# 大清最后的掌舵人：载沣

刘大胜 ◎ 著

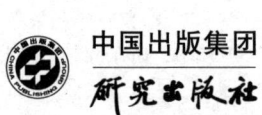

中国出版集团
研究出版社

图书在版编目（CIP）数据

大清最后的掌舵人：载沣 / 刘大胜著. -- 北京：研究出版社，2024.4
ISBN 978-7-5199-1657-2

Ⅰ.①大… Ⅱ.①刘… Ⅲ.①载沣（1883-1951）-传记 Ⅳ.①K827=52

中国国家版本馆CIP数据核字（2024）第065235号

出 品 人：陈建军
出版统筹：丁　波
责任编辑：张立明
助理编辑：赵明霞

## 大清最后的掌舵人：载沣
DAQING ZUIHOU DE ZHANGDUOREN：ZAIFENG
刘大胜　著
研究出版社 出版发行
（100006　北京市东城区灯市口大街100号华腾商务楼）
北京云浩印刷有限责任公司印刷　新华书店经销
2024年4月第1版　2024年4月第1次印刷
开本：880毫米×1230毫米　1/32　印张：10
字数：200千字
ISBN 978-7-5199-1657-2　定价：59.00元
电话：（010）64217619　64217652（发行部）

版权所有·侵权必究
凡购买本社图书，如有印装质量问题，我社负责调换。

# 序 言

**中国社会科学院大学教授　马勇**

前些天，刘大胜先生送来一部书稿《大清最后的掌舵人：载沣》，希望我为这本书写几句。

大胜兄好学敏思，读书广泛，时常到我办公室聊天，一聊就是半天。我从他那里获益良多，也一直鼓励他在保证写好论文前提下，写点自己有兴趣、有心得的东西，与同好分享。这部《大清最后的掌舵人：载沣》，就是其系列写作中的一种。

摄政王载沣生于1883年，1951年去世。历经大清、民国、共和国，但其最风光，也是最难受的时间段只在清末那几年，尤其是光绪帝、慈禧太后相继去世后直至清朝终结那三年。在过去很多年，说到摄政王载沣，不免要将清亡的责任归罪于他，大胜兄的这本书并不简单这样看。

这部著作全面描述了载沣的历史，评述了载沣的性格、学识、境界、贡献及其缺失。文字优美，行文流畅，非常好读。我对摄政王载沣的历史缺乏全面研究，比较感兴趣的只在清末那一段。

后来的研究者，普遍认为载沣上位属于机缘，并不表明他的智慧、能力可以掌控复杂的晚清政局。但是，也必须承认，载沣确实为晚清第一个出洋游历的宗室要员，这个特殊经历扩大了他的视野，也是他在清最后十年脱颖而出的关键。当然也必须注意，载沣的见解也会反过来影响他的哥哥以及慈禧太后。

载沣真正步入政治舞台，是出使德国后的几年，在宪政改革过程中。宪政改革是清政府政治统治现代化的关键，也是中国现代民族国家重构的重要节点。宪政的实现意味着"私天下"必然变为"公天下"，清朝统治者怎样才能在"公天下"的背景下利益不受损，中国怎样才能避免宪政改革引发政治危机，是那几年的政治焦点。载沣等一批青年才俊在这个时候相继加入政治改革进程，应该说合乎历史发展大势，是势之必然。

假如载沣在军机大臣位置上能有更多历练，相信随着年龄增长，经验积累，性格也会有很大改变，更随和，更沉稳。历史没有办法假设，历史更没有办法按照人们的愿望发展。载沣在军机大臣上"行走"不过两年，转正军机不过几个月，中国历史发生了巨大变化：光绪帝、慈禧太后在1908年11月14日、15日前后不到二十四个小时相继去世，载沣匆忙中成为大清帝国实际上的最高负责人——监国摄政王。

晚清最后几年的历史扑朔迷离，许多传闻在疑似之间，但仔细考究许多传闻又很难成立。这段时间，是中国现代新闻媒介的发轫期，又因为政治改革，言论空间释放，特别是因为帝制架构依然存在，宫中的故事真相并不能及时向社会公开。朝廷或许认为没有秘密可言，清者自清，因而对于那些满天飞的传言并不刻意纠正。信息不透明、不公开，不仅不会让"谣言止于智者"，反而因智者的添油加醋让谣言更像事实。因此，研究晚清那个特殊时间段的历史，特别要注意区分正史、野史、传闻。

载沣出任监国摄政王时，满打满算二十九岁。他的搭档隆裕太后四十岁，小皇帝宣统三岁。其权力组合，很像1861年辛酉政变后慈禧太后、慈安太后与恭亲王奕䜣配对的"叔嫂组合"。那一年，恭亲王奕䜣也是二十九岁，慈禧太后二十六岁，慈安太后二十四岁，小皇帝同治五岁。隆裕太后的年龄比慈禧太后、慈安太后当年年长十几岁，而且隆裕太后在慈禧太后、光绪帝身边见习了二十年。

摄政王与隆裕太后的组合，是一个并不糟糕的权力组合，在那时的政治格局下，也是一个大致无可挑剔的组合，毕竟是爱新觉罗的家天下，咸丰—同治—光绪—宣统，这是保证皇权万世一系的唯一办法。

就大清当时所面临的政治问题看，光绪帝、慈禧太后经过近十年维新、新政、宪政摸索，一路上磕磕绊绊，总算在1908年8月27日发布了《钦定宪法大纲》，确定了宪政改革路线图、时间表。慈禧太后、光绪帝留给摄政王、隆裕太后的，就是萧规曹随，按部就班。只要不出重大意外，再有几年时间，大清完成了宪政改革，实行了责任政府，爱新觉罗家族就可以像宪政改革之初所期待的那样：皇权永固，万世一系。

可惜的是，摄政王载沣接手之后，情势有变。按照帝国王朝政治的一般规律，一朝天子一朝臣，权力重组天经地义，势之必然，一批老臣、重臣诸如端方、岑春煊、袁世凯相继被边缘化。如果不带偏见去理解，这实际上是为年龄尚轻的摄政王扫除组建新班底的障碍。

摄政王在这一系列问题上有很多失误，伴随着这些事变，传闻越来越多。一个最惊人的看法，是光绪帝弥留之际曾给载沣一个郑重其事的委托，让他寻机干掉袁世凯，以报戊戌年所谓"告密"之仇。

这本书中也写到这件事，说载沣召见御史赵炳麟，赵郑重建议宣布光绪帝诛杀袁世凯的手诏，明正其罪，以靖内奸，任命康、梁等人为顾问，实行宪政，收揽人心。这些故事的真实性，都值得怀疑，但其效果确实在那个特殊的历史时期不断侵蚀着摄政王的政治权威。

真正让摄政王陷入万劫不复政治深渊的还是一年后的国会请愿运动。这本书也对这些故事有细致的梳理。现在需要追问的一个问题是，说好的"九年立宪"为什么在光绪帝、慈禧太后去世不久生变，"有计划的政治"为什么转眼间不再认账？

对于国会请愿运动，实事求是地说，摄政王还是给了一些善意回应，做出巨大让步，但是当第一届责任内阁名单发布，铁路干线国有政策出台，我们可以看到中国政治就像一匹脱缰的野马，已经没有办法控制、约束了。摄政王如果在这两个问题上继续让步，解散第一届责任内阁,及时废除铁路干线国有政策,或许可以平息各地的动荡,但是这种处理方式,也一定对政治统治构成极大的信誉危机。

局势相激相荡终于因武昌起义而破局。稍后,滦州兵谏,摄政王在各方压力下,一方面宣布接受加快宪政改革步伐,宣布《宪法重大信条十九条》,改组内阁,授权袁世凯组阁;另一方面见机行事,辞去监国摄政王职务,以便袁世凯协助隆裕太后收拾旧河山。

对于载沣这几年的作为,特别是最后的辞位之举,见仁见智,各有说辞。不过我比较欣赏、认同这本书中的看法:载沣最大的功绩,就是和隆裕太后一起避免了国家的再次内战,以一个王朝的退出换来了勉强的五族共和。后人多叹惜于载沣的平和,甚至平庸,其实这完全是内战思维的反映。载沣性情敦厚,有大局意识和国家观念,没有在最终关头强硬地领导王公贵族们负隅顽抗。谁又能说这不是一种优秀的政治品质,谁又能说这不是对国家民族负责任的表现?

我在一些地方说过,历史学可能并不是一门真正意义上的现代科学,历史学不仅需要史料,而且需要同情、理解和想象,需要知人论世,需要设身处地。我们没有办法起历史人物于九泉之下问清虚实,但我们可以在充分掌握史料的前提下,拥有一个更加宽广的胸怀,至少不能用阴谋论去猜测古人。就此而言,我觉得大胜这本《大清最后的掌舵人:载沣》值得推荐。

是为序。

# 目 录

引　言　真实的摄政王　　001

第一章　皇室亲族与近代风云　　005
　　伯母兼姨母　　005
　　阿玛醇亲王　　020
　　嫡母和生母　　031
　　皇帝哥哥　　038
　　两个至亲弟弟　　049

第二章　成长中的亲贵　　061
　　少年王爷初长成　　061
　　出洋道歉　　067
　　意味深长的指婚　　074
　　行进中的政坛新星　　079
　　渔翁得利　　085

## 第三章　意气风发的摄政　097
抱着小皇帝即位　097
驱逐袁世凯　105
亲贵当道　113
重整陆军　122
重建海军　129

## 第四章　无可奈何花落去　139
宪政向前　139
失控的国会请愿　149
奇葩的皇族内阁　160
要老命的铁路　166
黯然下台　183

## 第五章　下台后的风雨　191
闭门索居　191
总统会亲王　196
复辟风云　200
约束小皇帝　207
首都革命　215

## 第六章　避难中的寓公　227
躲进洋教堂　227
安全的天津　234
子女分离　242
东北探亲　250
寓公的苦恼　255

## 第七章　终老北京　263
六十大寿　263
侧福晋去世　271
乱世波澜　276
活到新中国　280
王爷的落幕　287

## 余　论　失语者不能被随意涂抹　291

## 参考文献　295

## 后　记　305

## 再版后记　307

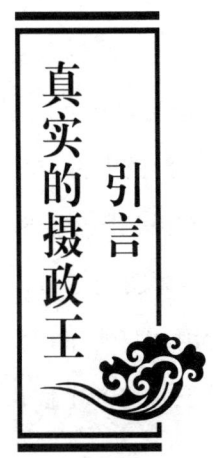

# 引言 真实的摄政王

中国历史上,皇帝年幼时往往由太后、亲王或大臣赞襄朝政,待皇帝成年后再将权力转交,摄政王的出现频率不高,而大清朝偏偏出现了两个。

第一个是多尔衮,第二个是载沣。

多尔衮纳降山海关总兵吴三桂,指挥八旗铁骑横扫大顺政权和南明势力,奠定大清260余年的统治,可谓武功赫赫。

载沣登上监国摄政王的宝座,也一度雄心勃勃,重振朝政,却落得个力不从心,勉强支撑三年,最终在初冬萧瑟中黯然去位,退回藩邸。后来甚至为了避祸,躲到天津当了寓公,可谓失意至极。

从民国开始,舆论对载沣的评价一直不高,直到现在也没有多少改变。

在看客眼中,大清朝的崩溃乃至亡国是载沣的责任,其人无一丝可取之处。在革命党看来,载沣阴差阳错摊上出使德国的大事,被一群迷了眼的人误认为开明亲善、年轻有为的亲王,然后被昏了头的老太后推上监国摄政王的宝座,毫无建树可言。在当权者眼中,载沣的上台与其说是恰逢其会,不如说是天意弄人。

在溥仪眼中,载沣胆小怕事,难堪大任,无法给予儿子一点保护。载涛明确指出,载沣遇事优柔寡断,多谋少断;名曰忠厚,实则无用;日常生活,循规蹈矩;内廷当差,谨慎小心;勉强做一个承平时代的王爵尚可,若仰仗其主持国政,应付事变,则所托非人。

徐世昌曾说,大清之亡不是亡于革命党,而是亡在一班小爷们儿手上。这些小爷们儿的带头大哥,正是身为监国摄政王的载沣。载泽、铁良、溥伟、溥伦等皇亲国戚各有派系,肆意地瓜分权力,还有诸亲贵之上的隆裕太后时常出来左右人事。载沣没有摆平纷争的能力,政局被皇族搞得乌烟瘴气。

载沣真的就如此不堪吗?

在一群只会遛鸟、唱戏、捧角、逛窑子的八旗子弟中,载沣已经是个特例。他不贪财不好色,对应酬和排场毫无兴趣,私德无可挑剔。作为第一位出使外国的亲王,载沣对西方事物有着浓厚的兴趣,给臣民留下了谦虚好学、正直开明的印象。他代行皇家祭祀,循规蹈矩地生活,也让朝野看到了皇室的尊严与帝国的尊荣。

作为光绪皇帝的亲弟弟,载沣是皇族中最为亲贵的王爷。慈禧太后做主让他娶了荣禄的女儿瓜尔佳氏,载沣与所谓的后党建立亲密的关系,成为戊戌政变之后弥合政治裂痕的首选人物。他的子嗣有着得天独厚的皇位继承权。

不幸的是,载沣缺乏执掌全国权柄所必需的杀伐果断,处理政务时总是捉襟见肘,完全没有康熙、雍正、乾隆等的大略,也没有多尔衮当年的雄才。

历史的发展常让人感叹命运无常。多年摄政,多尔衮驾驭群臣,游刃有余,当世无可匹敌,死后却一片狼藉。先被削去爵位,后被掘开坟冢,子弟眷属遭到无情清算,直到乾隆时才被平反。

载沣缺乏驾驭群臣的能耐,做不出前瞻性的调整。卸任之后,却没有遭到任何清算。孙中山前来拜访,北洋政府和南京国民政府敬重有加,日本人没有过分为难,中华人民共和国以礼相待,余生可谓安乐平顺。

载沣像他的父亲奕譞一样,一生急于保住自己和家族的性命。下台之后,基本与政治绝缘,对政治冷眼旁观。1915年,袁世凯称帝,载沣说了两个字:"胡闹"。1917年,张勋复辟,载沣还是两字评语:"胡闹"。

载沣最在意的东西根本不是政治,而是性命和家庭。他见过太多的风起云涌,看过太多的头颅滚落,多少低贱的人爬上高位,多少尊贵的人瞬间跌倒。

政治人物最大的本事是玩弄政治,政治生命的终结代表着事业的终结,而非个体生命的终结。载沣骨子里不像一个政治人物,没有殊死抵抗,没有隐忍蛰伏和伺机而动,也根本不在意谁执掌天下大权。

载沣是一个中才之人，也是一个忠厚之人。他在摄政王的位置上，没有政治中所必需的才智、机变和权谋；而他下台之后，则完全恢复了性情本色。

失去权力，对载沣来说不是祸患而是福气。至于大清朝，260余年的统治已经足够，谢幕时也非常体面，没必要为一个注定的结局搞得血流成河。

# 第一章 皇室亲族与近代风云

## 伯母兼姨母

慈禧太后，大清帝国的两代圣母太后，一个统治中国48年的女强人，一个被任意涂上愚昧、落后、阴狠、可恶色彩的失语者。晚清政局的风云变幻，权势人物的起伏升降，政治态势的忽明忽暗，都和她有关。有人因她登上高位，有人因她成为阶下囚，没有人忽视她的存在，无论是在遥远的过去，还是在100年后的今天。

慈禧是载沣的伯母兼姨母，也是醇亲王一系的绝对掌控者，让醇亲王府两度荣升潜龙之地。奕谖因她成为世袭罔替的铁帽子王，载沣因她成为一代摄政王，载湉、溥仪更是因她成就帝业。她的一颦一笑、一喜一悲、一举手一投足、一起心一动念，都可能给虚弱的老大帝国带来震荡，给醇亲王一系带来无法预测的兴衰荣辱。不过，她的成长历程并非一帆风顺，后世常常不吝笔墨地描述她当政时的行为，而忽略了她如何一步一步地爬上高位。

慈禧太后，本名叶赫那拉氏·杏贞，乳名"杏儿"，满洲镶蓝旗人，后来位尊太后，家族得以抬入上三旗的镶黄旗。她生于1835年11月，比咸丰皇帝小四岁，是一位模样俊俏的美人。以往笔记小说中说她来自南方，擅唱各种南曲，因而拨动咸丰皇帝的心弦，成为紫禁城的妃嫔。

还有稗官野史称，叶赫部被努尔哈赤所灭，其首领发下毒誓，哪怕只剩下一个女人，也要覆灭努尔哈赤的天下，慈禧太后就是那个亡掉满洲的叶赫部女人。这些谣传经现代历史学的剥笋抽丝，早已显得无根无据，只是文人一厢情愿的演绎。当一切眼花缭乱的传说被粉碎，慈禧太后的身份逐渐明朗。她只是一个标准的满洲良家女子，住在北京城内的胡同，父祖皆为普通的中层官员，生于小康之家，未有饥馁之忧，也未有一般官宦家庭的沉浮不定。

按照清朝的祖制，八旗官员的成年女子都要参加选秀女，参加完才可以另嫁他人。1851年，年方二十的咸丰皇帝刚刚登基，就为空虚的后宫填充妃嫔，命令内务府挑选秀女。叶赫那拉氏16岁，被镶蓝旗的官员们登录在案。第二年的3月，被幸运挑选出来的叶赫那拉氏细心装扮，乘着骡车来到紫禁城，从此与皇权相伴终生。她被封为兰贵人，排在皇后钮祜禄氏之后、丽贵人他他拉氏之前。

1854年3月，兰贵人晋升为懿嫔，成为入宫后除皇后外第一个晋升的妃嫔。

不孝有三，无后为大，更何况身为九五至尊的皇帝。自咸丰皇帝开始，大清皇帝的生育能力就让臣民担忧。他们再也不像康、雍、乾诸帝那样，具有旺盛的繁殖能力，留下众多子嗣，甚至连顺治、嘉庆、道光都比不上。咸丰皇帝的妃嫔已经入宫好几年，肚子还没动静，怎么不令人着急。1855年6月，他他拉氏终于生了一个女儿，母以子贵，被封为丽妃，排到了叶赫那拉氏之前。

生性好强的叶赫那拉氏看到地位下降，心有不甘，不管是对皇帝妩媚，还是对皇帝动情，总之不久也有了身孕。咸丰皇帝和宫内宫外的目光汇聚过来，怀着无限的渴盼，希望诞下一位健康的皇子。按照宫廷规定，妃嫔怀孕8个月左右，生母可以进宫陪伴，与待产的女儿同住。就这样，叶赫那拉氏的母亲也来到了紫禁城的储秀宫。宫中也在为临产做着尽可能的准备，太医院的御医整日整夜地守候，咸丰皇帝时常到储秀宫探望。

1856年4月27日，一个喜讯传遍了紫禁城，也传到了朝堂，懿嫔生下了一个阿哥。咸丰皇帝按捺不住自己的喜悦，心想终于可以对得起列祖列宗。于是，大笔一挥晋封懿嫔为懿妃，不久又晋封为懿贵妃。母以子贵，更何况生下咸丰皇帝的皇长子，叶赫那拉氏的地位再次排到丽妃前面，成为宫中排序第二的妃嫔。1858年3月，又有一位贵人为咸丰皇帝生了阿哥，不幸当天夭折。叶赫那拉氏的儿子成为唯一的皇子，让众人对她敬重三分。连皇后钮祜禄氏

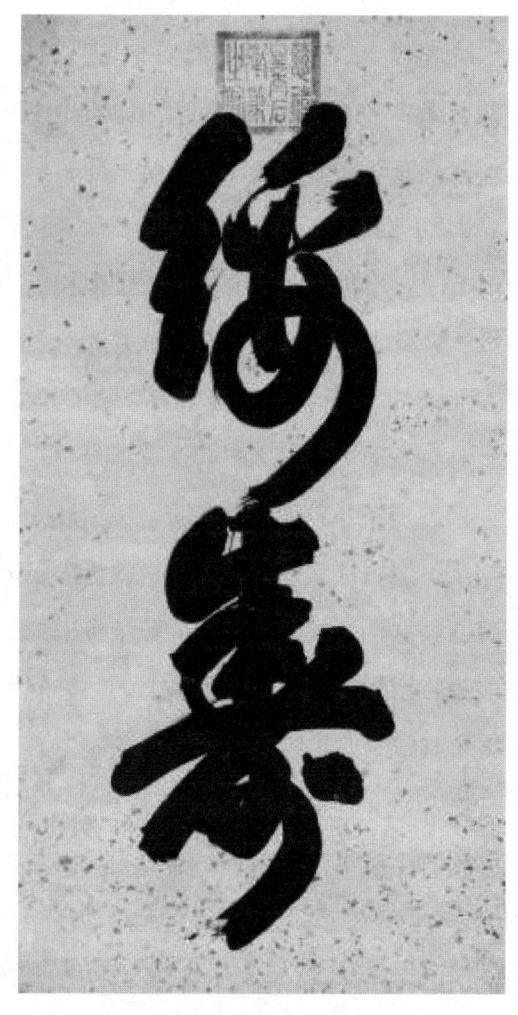

慈禧太后墨迹

也感谢叶赫那拉氏为皇家添续了仅有的一点香火,二人成为无话不说的好姐妹。

在此期间,叶赫那拉氏还让咸丰皇帝下了一道圣旨,把自己的亲妹妹嫁给了醇郡王奕譞。姐儿俩嫁哥儿俩,一个贵为皇帝的懿贵妃,一个贵为王爷的嫡福晋,让人羡慕不已。

宫中一片祥和,宫外却一片混乱。此时的大清已经内忧外患,搞得苦命天子咸丰皇帝焦头烂额。农民起义遍地开花,此处未灭彼处又起,已成烽火燎原之势。太平军突破了围堵,攻占武汉三镇,一路东下占领了南京,建立起与清朝对峙的政权。外国侵略者也没闲着,再次用坚船利炮轰开了古老中国的大门。英法联军一路北上,来到渤海湾,要求清朝更大尺度地开放。

在咸丰皇帝看来,朝堂上的大臣们昏聩不堪,无事时喊得万岁一个比一个震天响,临到朝廷有难却拿不出一个退敌之策。六弟恭亲王奕䜣有能力,但争夺皇位时的裂痕还在,彼此之间的不自在让兄弟俩无法同舟共济。五弟惇亲王奕誴暴躁易怒,不识大体。七弟醇郡王奕譞性情柔弱,难堪大任。其他弟弟还太小,至亲之中挑选不出一个能力挽狂澜的人物。

这时的叶赫那拉氏还没有机会走向前台,但政治的纷纷扰扰已经让她有所清醒。大清的江山注定风雨飘摇,更加糜烂。两个"老六"成为咸丰皇帝生命中不可忽视的人物,也进入叶赫那拉氏的视野里。一个是后来被称为"鬼子六"的恭亲王奕䜣,一个是当时被称为"肃老六"的肃顺。

大清天子择臣，首重军机大臣、御前大臣和大学士。谁能成为中兴的柱石？咸丰皇帝把目光投向了能臣肃顺。

肃顺是宗室，郑亲王济尔哈朗的八世孙，比咸丰皇帝大15岁，按照辈分却是咸丰皇帝的侄子。因为三哥端华继承了世袭罔替的郑亲王，肃顺与王爵无缘，只能靠精明能干获得赏识。

肃顺倡导乱世用重典，通过戊午科场案、户部宝钞案整肃异己，树立威严。奕䜣与他斗争一番败下阵来，毫无亲王的尊严。此时的咸丰皇帝消极怠政，急需能臣干将的辅佐。与那些世故圆滑、见风使舵、争功诿过的老官僚相比，肃顺敢怒敢言、作风强硬、勤于治事、勇于任事，在主子面前知无不言、言无不尽，得到了皇帝宠信，成为政治暴发户。趋炎附势的官员纷纷投到肃顺门下。

到1860年，朝堂上形成了以肃顺为核心，以载垣、端华、杜翰、匡源、焦佑瀛等为爪牙的政治派系。他们或为军机大臣，或为部院堂官，或为御前大臣，是当之无愧的天子近臣。

一时间，"肃党"遍朝堂，执掌天下权柄。

与咸丰皇帝血缘最近的恭亲王奕䜣、惇亲王奕誴、醇郡王奕譞无法进入决策圈，之前得势的官员也被排除权力核心，从而激起了各派的反感与愤恨。这种不满随着咸丰皇帝逃离京城而增加，肃顺本人因为极力谏言北狩，成为清流口诛笔伐的对象。当然有咸丰皇帝的宠信，肃顺的权势和地位暂时不受影响。

1860年9月22日，是咸丰皇帝逃离北京的那一天。英法联军快要攻进紫禁城，八旗绿营的长矛和蒙古王爷的马刀既无招架之功,又无还手之力。带着皇后钮祜禄氏、懿贵妃叶赫那拉氏、年幼的小皇子载淳、一班朝臣和无尽的耻辱,咸丰皇帝离开了京师。宗庙社稷在他的心中渐渐远去,逃生成为一种本能。

临行时,咸丰皇帝起用了赋闲许久的恭亲王奕䜣,任命他全权处理与英法联军的议和。从后来的历史来看,这是英明之举。经过奕䜣的讨价还价,大清终于与英、法等国签订了合约,被迫割地、赔款、开放口岸,中外再次出现短暂的和平。一封封奏折从京师送到承德,信使在承德与京师之间穿梭,恳请咸丰皇帝回到京城。肃顺不希望权力中枢移回京师,让立下不世之功的奕䜣再次上位,因此极力劝阻班师回京。

咸丰皇帝自觉愧对列祖列宗,已经没有兴趣回銮,窝在一片萧瑟的避暑山庄,怡情于戏曲书画,纵欲于声色犬马。无论是多么怠惰政务,多么不想成为臣民心目中的圣帝明君,每天还是会有大量的奏折摆到案上。按照制度,皇帝必须亲自拆阅和批示,不然军机大臣无从请旨,上传下达无法完成。

奏折是一种直白的文言文,文辞浅显,却也要求一定的阅读能力。叶赫那拉氏从小读过经史,会断句也会写字,偶尔有错别字,这在几乎是一片文盲的旗籍女子中算凤毛麟角。皇后钮祜禄氏端庄贤惠,没有阅读奏折的能力,断句都很困难。有时,咸丰皇帝实在不想批阅奏折,就让叶赫那拉氏从旁协助,阅读完略作划痕、折角,好让军机大臣心领神会。叶赫那拉氏对政务有了初步了解,朝中大臣的派系组合、政治势力的此消彼长尽在掌握之中。当然,这时她承担的角色还是赞画政务的幕僚或宠妃，谈不上擅权。咸丰皇帝再衰弱再无能，也不会违背祖制，允许一个女人对朝政指手画脚。

塞外的冷风无法抚慰内心的创伤，咸丰皇帝的精神最终垮下去了，与有为之君和中兴之主彻底绝缘，甚至到了饮鹿血、喝醇酒、玩女人的荒唐程度，沉疴难救，于1861年8月死在避暑山庄。

临死时，咸丰皇帝宣谕载淳为皇太子，着派载垣、端华、景寿、肃顺、穆荫、匡源、杜翰、焦佑瀛尽心辅弼，赞襄一切政务。为了防止八大臣擅权专断，咸丰皇帝给了皇后钮祜禄氏一方印章"御赏"，给了皇太子一方印章"同道堂"。皇太子年幼，"同道堂"由生母叶赫那拉氏代管。按照既定方针，谕旨由八大臣代拟，盖上两方印章方才有效。不过，设计周详的政治安排，没有换来政治的宁静。

此时的叶赫那拉氏看到丈夫的无助无能、自暴自弃直到死亡，心中作何感想，已经不得而知。不管怎么样，咸丰皇帝的去世带给她的绝不是美好的希望，而是无限的伤感。青年丧夫，对任何女人而言都是人生一大不幸。叶赫那拉氏与钮祜禄氏对影自怜、悲悲啼啼、长吁短叹，自不可免。被尊奉为太后，却没有多少快乐。孤儿寡母存活在这个世界上，总是缺乏安全感。无论是在民间还是在皇家，均是如此。她们对肃顺等人的不满达到临界点，一触即发。在她们看来，正是因为这些无能且专断的近臣，才让大清遭受耻辱，让年轻的咸丰皇帝早早驾崩。

于是两宫太后坚持阅看奏折，咸丰皇帝死后的第一场政治冲突爆发。八大臣坚决反对，重申咸丰皇帝的旨意只是让两宫太后盖印章，并无阅看奏折、更改谕旨的权力。两宫太后表示，不看奏折无法盖印章，八大臣只好妥协。第一回合中，两宫太后占据上风，但矛盾没有解决，反而更加激化。奕䜣千里迢迢来到承德，与两宫太后密谋政变，准备回京一举扳倒八大臣。

奕䜣赴热河期间，在京的官员们开始串联，最活跃的是受肃顺欺辱的体仁阁大学士周祖培，他怂恿门生御史董元醇上奏，恭请两宫太后垂帘听政，另外选拔近支王公辅政。八大臣坚决抵制。载垣明言，八大臣是赞襄幼主，不能听命于太后，请太后看折子都属多事。肃顺更是与两宫太后直接对冲，声嘶力竭地辩争，垂帘听政违背祖制，断不可行。小皇帝哪见过这种场景，吓得尿了钮祜禄氏一身。

尽管怒不可遏，两宫太后还是将奏折下发，让八大臣拟旨。当日递交的旨稿不假辞色地批评了董元醇及其谏言的垂帘听政，顺带影射了奕䜣。这让两宫太后更加不能容忍，坚决不下发这道谕旨，两方陷入僵持。第二天上午，又是一阵争吵，八大臣决定"搁车"，停止办公以促使两宫就范，奏折和谕旨终于在中午下发。八大臣弹冠相庆，一起嘲笑宫中的两个只会无助哭泣的寡妇。

八大臣高兴得的确过早，谁能笑到最后，此时未见分晓。两宫太后只是隐忍，并未就范。只要怀抱着小皇帝，谕旨随时可以拟定，什么黑的都可以说成白的，什么错的都可以说成对的，什么人都可以提拔，什么人都可以罢黜。

大臣们终于看清了一个现实，两宫太后才是扳倒八大臣的唯一力量，恭亲王又与之结盟。11月初，两宫太后与皇帝到达北京，马上召见奕䜣、桂良、周祖培等在京大臣。慈禧太后拿出早已拟好的圣旨，将载垣、端华、肃顺等人革职问罪，同时授奕䜣为议政王，组建新的军机处，太后垂帘、亲王领政的体制建立起来。

接下来的事情是给政敌安插莫须有的罪名，载垣、端华自尽，肃顺斩立决，其他人免官流放。押送刑场时，肃顺面无惧色，大骂不止，据闻者言不堪入耳。临刑时又不跪，被铁柄打碎了胫骨，一道白光结束了性命。这场内部斗争被称为"辛酉政变"，或者"祺祥政变"，改变了咸丰皇帝临终时的政治设计。

载淳的年号由祺祥改为同治，意为两宫共治天下，确定太后至高无上的地位。赞襄体制仅维持了70多天，就被推翻。两宫帘幔后并排而坐，成为笑到最后的人，一咳一唾让大臣们紧张万分。相比而言，慈禧太后为政作风强硬，慈安太后为政相对平和，二者是统一战线，却也有明显的不同，有时也存在矛盾。政治事件中，很少看见慈安太后的身影，多半都是工于心计的慈禧太后掌控一切。

肃顺当政时，重用汉人平叛。慈禧太后当政后延续这个政策，没有因为最高决策者的改变而有所不同。八旗和绿营已经衰朽不堪，成了老爷兵，消灭太平天国只能依靠湘军、淮军和楚军。曾国藩、左宗棠、李鸿章等人位列督抚，曾国藩更被授为两江总督，总揽四省军务。曾、左、李果然不负众望，没几年就消灭了太平天国，其他的叛乱和起义渐次平定。同治中兴，兴办洋务，"师夷长技以自强"，成为新时代的最强音。

在中央，两宫太后与奕䜣三人构成政治权力的三驾马车，共同执掌权柄。只是这种格局没有持续多久，一国三公让王公大臣无所适从。奕䜣贵为议政王、首席军机大臣、总理衙门大臣、宗人府宗令、内务府大臣，权势熏天，让专制独裁的慈禧太后无法忍受。

辛酉事变后的政治架构慢慢出现变化，嗅觉灵敏的台谏官闻到了这股味道。1865年，翰林院编修蔡寿祺弹劾奕䜣，说他揽权纳贿，徇私骄盈。慈禧太后趁机命令军机处草拟谕旨，罢免奕䜣的全部职务。朝堂众臣一片哗然，竟然没有人敢拟旨。慈禧一怒之下，自己草拟了一份带着错别字的谕旨，强令军机大臣稍加修饰下发。奕䜣赶紧进宫，磕头请罪，痛哭流涕，伏地不起，最终还是失去了议政王的称号，其他职位依旧。

通过这次教训，奕䜣失去了以往的锐气，更多地表现为多磕头、少说话、常请旨。因为他知道，自己的名位再高，终究是个奴才，端坐在紫禁城内的慈禧太后才是真正的主子。

慈禧太后政治手腕了得，政治上的绝杀让群臣瞠目结舌。只是这种强硬的执政作风用在家庭里却不适合，用在培养政治接班人上更不适合。作为一个单亲母亲，对儿子有特殊的期待，所以会在放纵和强硬之间转变。无论是前期娇惯同治皇帝，还是后期苛责光绪皇帝，都是她人生的败笔。

同治皇帝幼年失怙，受到两宫太后的溺爱，造成其性格的骄纵、任性、随意。拥有一流的帝师，同治皇帝学习却不用功，以至于十几岁还不能识文断字，连奏折都看不懂，仅比慈安太后强一些。

慈禧太后像

亲政后，同治皇帝竟然要大兴土木，重修圆明园，遭到群臣反对，一怒之下罢免了所有的军机大臣、御前大臣。直到两宫太后出面，代帝向群臣道歉，才勉强挽回局面。稍受挫折，同治皇帝像他的爸爸一样，再也不愿意为帝为君，时常与恭亲王家的叔伯兄弟偷偷溜出宫，流连于青楼瓦肆，终因不幸染上花柳病而死。清宫档案中讳言是得了天花驾崩。

同治皇帝临终时，遗旨挑选一位溥字辈的皇族继承帝位，被慈禧太后无情否决。即使有吴可读尸谏，慈禧太后还是选择了醇亲王奕��家的载湉为幼帝，继续垂帘听政。因为载湉是慈禧太后的亲侄子兼亲外甥，从血缘上讲最亲最近，扶植幼帝即位有利于太后临朝。换了溥字辈继承帝位，太皇太后没有垂帘听政的正当性。

这可害苦了同治皇帝的皇后阿鲁特氏，她本来就与慈禧太后有矛盾，一句好歹"我也是从大清门抬进来的"，让结婚时没有走大清门的慈禧太后愤怒不已，同治皇帝的早亡更引起慈禧太后的迁怒。阿鲁特氏与新帝是叔嫂关系，既不能称为皇后，又不能称为太后，名分不定，无法在紫禁城存活，与父亲崇绮凄然地见了最后一面，绝食而亡。

对于光绪皇帝的教育，慈禧太后走向另一个极端，由原来的彻底放纵转向严酷苛责。有相对温柔的慈安太后保护，光绪皇帝还能得到一丝家庭的温暖，无奈慈安太后七年后暴病而亡。光绪皇帝在宫中再没有温馨的童年时光，有的只是无穷无尽的学习和随时随地的责骂。

成年后的光绪皇帝知识结构非常完整，接受新知的能力和意愿也很强。但是因为从小在一个缺乏温情的环境下长大，性情容易冲动，受挫感极强，总想一蹴而就，一遇挫折就撂挑子不干。这在戊戌年表现得最为明显。既然自己是太后手里的一只纸风筝，不是一只翱翔天际的雄鹰，那就索性自己剪断了风筝的线，让自己永远躲在角落里自怨自艾。这多半源自教育的失败，尤其是一个人性情教育的失败，慈禧太后的责任不容讳言。两人的不和始终存在，一直延续到几乎同时去世。

就整个统治而言，慈禧太后延续清朝的祖制，坚持首崇满洲、满汉平等、满蒙一体、蒙藏一家的国策。注重行政官员的进阶，即使是王公贵族也要逐级历练，很少越级提拔。

她重视权位而不在乎理念，所以看起来水火不容的政治理念先后被采纳。无论是洋务运动有限地接受外来事物，还是庚子年极端地盲目排外，无论是戊戌年彻底地否定维新，还是辛丑年后把新政搞得有声有色，只要保住自己的权位，只要大清的江山不是亡在自己手里，一切都可以商量，一切都可以接受，一切都可以权变。

慈禧太后统治的48年，中国有了早期现代化，却没有行进得多么远，也没有行进得多么坚实。这些已经不能适应时局的发展，无法顺应浩浩汤汤的时代大潮。不管怎么样，大清没有亡在慈禧太后手里。临死时，她还告诫再也不要有女人垂帘听政。这究竟是对自己的否定呢？还是对自己无奈的辩解？谁也说不清。

不过也没有必要说清，因为宣统皇帝没过三年就退回高墙，大

奕譞像

清直接亡在了她的侄女兼儿媳隆裕太后手里，也间接亡在了她的侄子兼外甥载沣手里。隆裕太后和载沣这对叔嫂组合，作为慈禧太后刻意扶植起来的接班人，能力有限，历练缺乏，无法担当大任，依然是她政治操作和培养接班人的一大败笔。之后，中国陷入长时间的混乱和混战。

孰令为之，孰令致之，慈禧太后难辞其咎！

## 阿玛醇亲王

载沣的父亲奕譞，是清宣宗道光皇帝旻宁的第七个儿子，清文宗咸丰皇帝奕詝的弟弟，一个大家熟悉而又陌生的人物。他生于1840年10月16日，正值第一次鸦片战争。大清禁止鸦片贸易后，远在欧洲的英国人凭借着坚船利炮发动了一场战争。道光皇帝任用林则徐，在广东展开了轰轰烈烈的禁烟行动，却无力抵御游弋在近海的英国炮舰。

一时间从南到北，无一处海疆保持安宁。

道光皇帝整天为英国人的嚣张烦闷不已，对沿海疆臣和要塞军将的束手无策感到恼怒。奕譞的出生给道光帝带来些许喜悦，冲淡了心头的不快。奕譞的母亲，初为人母的乌雅氏，如鲜花一般娇艳的十九岁美人，自然母以子贵，得以晋升为琳嫔。

也许是老来得子的缘故，道光皇帝对乌雅氏宠爱有加。不久，乌雅氏频传喜讯，诞下皇九女寿庄固伦公主、皇八子奕詥和皇九子奕譓。1850年，道光皇帝离开了人世，年仅28岁的乌雅氏仅仅享受了10年的宠爱和呵护，便不得不独自照应三个儿子、一个女儿。

奕詝继承了皇位，成为著名的苦命天子。当时的奕譞是个十多岁的娃娃，也能感受到四哥奕詝对六哥奕䜣的提防和忌惮。皇室成员之间有太多的隔阂、矛盾与斗争，生在宫廷的奕譞将有越来越深刻的体会。

咸丰皇帝在位的前十年，奕譞同六哥奕䜣一样悄然地从群臣的视野中消失，仿佛道光皇帝根本不曾有过这两个儿子，咸丰皇帝不曾有过这两个兄弟。

1860年，事情突然起了变化。10月，英法联军攻入北京，咸丰皇帝逃到承德避暑山庄，纵情酒色，沉疴不起。奕䜣在京城负责跟洋人议和，地位水涨船高。咸丰皇帝去世后，皇太子载淳即位，生母叶赫那拉氏晋为慈禧太后，与慈安太后两宫并尊。娶了另一个叶赫那拉氏的奕譞迅速上位，突然间从一个闲散王公变成了政界要角。

一些事情就在许多人的预料之外发生了。两宫太后联合恭亲王奕䜣、醇郡王奕譞和朝中部分大臣突然发动政变，除掉咸丰皇帝钦命的赞襄政务八大臣，改祺祥年号为同治，两宫太后垂帘听政。年轻的奕譞亲自出手，将肃顺拿下马。整个朝廷的风向急转，务实友好的领导班子迅速组建。

两宫掌握大清朝的权柄，奕䜣也终于吐了口气，在宏大的政治舞台上大展拳脚，全力打造希冀很久的中兴盛世。领导中枢确立新的国家大政方针，重用汉族疆臣，同洋人交好，挟洋灭匪。社会恢复了常态，似乎一切血腥都没发生，至于咸丰皇帝的遗命、顾命八大臣的性命，谁在乎呢？

奕譞拥有正黄旗汉军都统、正黄旗领侍卫内大臣、御前大臣、后扈大臣、管理善扑营事务、署理奉宸苑事务、管理正黄旗新旧营房事务、管理火枪营事务、管理神机营事务等一系列头衔和职务，美好时光好像真的开始了。

年仅二十多岁的他整日神清气爽，意气风发。同叶赫那拉氏的小日子也过得极为和美，次年他们的儿子载瀚诞生，不幸的是孩子福气太薄，没来得及好好享受王府的富贵生活，就离开人世。没过几年，叶赫那拉氏再为奕譞诞下一子，这个出生在宣武门太平湖畔的小阿哥取名载湉，就是后来的光绪皇帝。

1864年，朝廷军队在与太平军的作战中取得决定性胜利，攻下太平天国的首都天京。洪秀全自杀，洪天贵福、洪仁玕、李秀成被活捉。江南终于平定了！家祭无忘告乃翁，这么大的好消息一定要让列祖列宗知道。谁来承担告祭祖庙这么光辉伟大的使命，自然是奕譞。

逆贼扫平，必须论功行赏，前线指挥作战的曾国藩、曾国荃、李鸿章、僧格林沁等人通通加官进爵。如何犒劳中央运筹帷幄的议政王奕䜣，也是大大的一个字——"赏"。长子载澂封贝勒，次子载滢封不入八分镇国公。

大清的江山再次稳定下来，新的风波也将兴起。

1865年，慈禧太后借蔡寿祺弹劾之名，罢免奕訢的议政王和其他一切职务，在朝臣和宗室中掀起轩然大波。奕谟有狡兔死、走狗烹的不安，同肃亲王华丰、通政使王拯、内阁学士殷兆镛、左副都御史潘祖荫等上疏。无奈之下，慈禧太后只好将此事交给王公大臣讨论。结果可想而知，奕訢继续在内廷行走，管理总理衙门，恢复军机大臣的职务，没了议政王的殊荣。

奕訢也不是白给的角色，很快借安德海一案还以颜色。安德海是内廷的一个太监，甚得慈禧太后宠信，很是嚣张跋扈。1869年，慈禧太后违背太监不得擅出皇城的祖制，命安德海到南方采办龙衣。倘若安德海悄悄地来悄悄地走，把事情办得妥妥帖帖，自然什么事也没有。

真是遗憾，有些人做大人物的奴才太久了，一旦放出去就忘了低调才是安身立命的根本。安德海目空一切，扯虎皮当大旗，沿途肆意地骚扰地方。山东巡抚丁宝桢援引国法，发兵追捕安德海，要求朝廷予以严惩。奕訢没有放过这个机会，会同文祥主张严办。慈禧太后很想解救安德海，但也不敢公然违忤祖宗家法和朝堂公议，只得同意丁宝桢将安德海处死。

慈禧太后是个擅权的人，注定容不下拥有过高权力的奕訢；精明干练的奕訢也注定不是引颈受戮的待宰羔羊。两者之间的争斗让奕谟感到左右为难，一边是同父异母的亲兄弟，一边是妻子的亲姐姐、当今的太后，真不知如何是好。除了偶尔的帮腔，能做的恐怕只有沉默。

奕訢像

天津教案让原本亲密的奕譞和奕䜣有了纷争。1870年，天津爆发教案，失去理智的民众在欺骗和怂恿下包围教堂，与教会人员殴斗。法国驻天津领事丰大业拔枪伤人，民众激愤之下杀死丰大业及其秘书，焚毁法国领事馆和多处教堂，伤害多名外国侨民，波及英美等国的教堂。

天津教案引发轩然大波，外国军舰云集天津，以法国公使为首的公使团齐集总理衙门，提出强烈抗议。朝廷陷入分裂，慈禧太后、同治皇帝、奕譞、李鸿藻、翁同龢、倭仁等为一方，奕䜣、曾国藩、李鸿章、文祥、宝鋆、沈桂芬、董恂等为另一方。前者基于安定民心的角度，主张强硬回应，持理力争；后者认为不能视而不见民众的过错，暴民抢掠与所谓的民意毫不相干。是抑民奉外还是对外妥协，见证的不仅是外交的不公和不幸，更见证着国家的蹉跎和迷茫。

咸丰末年，奕譞目睹了英法对畿辅地区的蹂躏，但对这些西方列强到底有多强，到底如何与之相处，还缺乏足够的认知，除了义愤和不平，所能做的实属寥寥。负责处理此事的只能是熟于洋务的曾国藩和李鸿章。根据调查结果，曾国藩做出对外妥协、避免战争的决定。他首先对英美俄等国做出赔偿，然后单独同法国交涉，澄清事实，捉拿凶手，予以严惩，派遣专使赔礼道歉，惹得朝廷内外普遍不满，一时间毁谤加身。

负责接办教案善后的李鸿章一方面继承了曾国藩的方案，安抚各国；另一方面对法国提出的惩戒要求，能推就推，能拖就拖，争回些许权利,消弭朝野上下的不满,为大清挽回些颜面。幸而当时法国卷入普法战争无暇东顾,中法之间的冲突和平解决。

奕譞对天津教案的处理极为不满,对奕䜣支持曾、李的态度很是生气。事罢,立即向朝廷提出辞去差事,抨击身居要位的奕䜣。慈禧太后对奕䜣也有不满,出于大局考虑没有立即动手,只是撤去其同党文祥在国子监、理藩院等处的差事。

同治皇帝亲政后,对恭亲王奕䜣的不满日益加剧,对奕譞的信任不断提升。奕譞顺势对奕䜣展开政治攻击,称以前是军机大臣拟定谕旨,现在皇帝亲政了,一切都要大大地不同。奕䜣大怒不已,上奏辩驳。

兄弟阋墙,徒惹内外生笑。奕譞虽与奕䜣两不相让,但在大事上还能放下成见,齐心协力解决问题。1872年,同治皇帝下旨重修圆明园,频繁由内务府向户部支借巨款,御史沈淮请求缓修,奕䜣、奕譞、景寿、奕劻、文祥、宝鋆、沈桂芬、李鸿藻等人联名上折劝谏。同治皇帝勃然大怒,斥责奕䜣"此位让尔如何",怒称奕譞"离间母子",君臣之间剑拔弩张竟到如此地步,实在是骇人听闻。

臣下苦谏不已,同治皇帝不得不做出妥协,停修圆明园工程。随后,儿戏一样地下旨罢黜所有参与上折劝谏的亲王大臣。两宫太后急忙出面,强令同治皇帝向群臣道歉。同治皇帝从此与群臣关系冷淡,对读书勤政的劝谏充耳不闻,整日沉迷酒色。1875年1月,不幸的事情发生了,同治皇帝染病而死。

御前会议上，慈禧太后决定从近支中过继一个"载"字辈的孩子继承皇位，否决同治皇帝由"溥"字辈继承的遗言，最终选择了载湉。奕譞听后大惊失色，趴在地上磕头不断，失声痛哭，昏厥过去。

载湉随后被册立为新君，改翌年年号为光绪，两宫继续垂帘听政。奕譞加恩亲王世袭罔替，成为大清朝为数不多的铁帽子王。儿子成了皇帝，给奕譞带来的并非愉悦，而是惶恐和不安。历朝历代，儿子成为皇帝，自己还在世，几乎没有一个好结局。王公大臣的嫉妒，慈禧太后的忌惮与提防，像一个魔咒困扰着奕譞。

醇亲王府成了潜龙藩邸，不能再住下去。载湉的生母叶赫那拉氏，刚从丧失幼子的悲痛中走出，便不得不再次忍受母子分离的悲痛，整日悲悲戚戚，以泪洗面。

奕譞内心苦楚，上奏折请求免去亲王世袭罔替，没有得到允许，只好再上奏折请求辞去一切差事。1879年，朝廷下旨接受奕譞的请求，准许他回家养疾并解除一切职务。从那之后，奕譞更加谦卑和恭顺，多次辞谢慈禧太后的赏赐，表示不接受任何职务，只保留了世袭罔替的醇亲王爵位。同其他人交往中，奕譞从来没有摆皇帝父亲的尊严，连亲王的架子也没有，谦卑和礼让成了他最突出的美德。

醇亲王府内，很多地方都挂着奕譞自己写的治家格言，其中有一段最能表现他的心境和生活态度，以及在政治旋涡中的恐惧与自警："财也大，产也大，后来子孙祸也大，若问此理是若何，子孙钱多胆也大，天样大事都不怕，不丧身家不肯罢；财也小，产也小，后来子孙祸也小，若问此理是若何，子孙钱少胆也小，些微产业知自保，俭使俭用也过了。"

奕譞特意请人仿制一只周代的欹器，放在书房内，下面有亲手书写的铭词："满招损，谦受益。"如果把水放入一半，这只欹器便保持平衡不致溢倾；如果把水放满，便倾倒过来全部流掉。奕譞时时刻刻向世人尤其是向慈禧太后表示，自己对政治没有任何野心，他只是一个乐天知命、享受爵禄的王爷。

奕譞的举动，慈禧太后看在眼里，内心相当地满意，但也不愿意在王公大臣中落一个小心眼的恶名。1880年，中俄伊犁交涉事起，时局紧张，奕譞受命复出议政，愈发地谨慎小心。然而他越是小心谨慎，慈禧太后的恩宠就越是纷至沓来，躲都躲不开。1881年，慈安太后病情急转直下，骤然离世，自此王公和朝臣的性命完全处在慈禧太后一念之间。1882年，奕譞的儿子载洸被封为奉恩辅国公。1883年，慈禧太后下懿旨命奕譞会筹法越事宜。1884年，慈禧太后降懿旨，以因循贻误为由罢免奕䜣，令其回家养病，并任命新的军机班子，要求军机处今后遇到重大事情同醇亲王商量。随后，慈禧太后下懿旨赏奕譞的儿子载沣不入八分镇国公。1885年，慈禧太后接受奕譞的建议，下懿旨命其总理海军事务，督治北洋水师。

光绪皇帝亲政的日子越来越近，奕譞的心情也越来越紧张。表面上他是大清皇帝的父亲，慈禧太后的妹婿，为数不多的铁帽子王，参与军机处和总理衙门，执掌海军衙门，风光无两。实际上这

奕譞中坐,怀抱者为载洵,站立者为载沣

一切不过是梦幻泡影，秉承慈禧太后的旨意，老老实实、妥妥当当把盼咐的事情办好，才是做臣子的本分。只有小心谨慎地做人，没有留下半分把柄，才能保住身家性命，让儿子稳稳当当地坐稳皇位，让醇亲王一脉存续下去。

1886年7月11日，慈禧太后下懿旨，要求钦天监于次年正月选择皇帝亲政的日期。7月15日，奕譞同王公大臣们一起上奏，请求慈禧太后继续训政，遭到拒绝，皇帝亲政的日期定在第二年正月十五日。奕譞联合礼亲王等再次上书，请求慈禧太后训政。慈禧太后下懿旨勉强同意，命奕譞处理多项事务。

朝廷派遣官员祭告天地、宗庙、社稷后，光绪皇帝正式亲政。奕譞在慈禧太后和光绪皇帝之间耗尽心力调和，心力交瘁的他最终还是抗不过天命。1887年，奕譞病重，直至次年8月病情才好转，光绪皇帝频频陪同慈禧太后到醇亲王府探望。奕譞上书提出，皇帝已经亲政一段时间，自己不方便继续主持政事，请求解除职务。慈禧太后下懿旨予以拒绝，让奕譞继续管理海军署、神机营事务，今后上书奏事不必列衔。

光绪皇帝的亲政给大清朝带来很多变化，皇帝与太后间的关系、王公大臣的站队以及整个朝政的调整都有不同。醇亲王能做的只是在两宫之间充当缓冲，努力地调和二人的关系，避免出现对立。

吴大澂请求讨论尊崇醇亲王的典礼，慈禧太后拿出光绪皇帝继位初，奕譞请求不为自己加尊号、预防和严惩极端幸进之徒的奏折，狠狠地斥责吴大澂。1890年年底，光绪皇帝陪同慈禧太后前往醇亲王府,看望病重的奕譞。第二年 1 月 1 日,奕譞还是去世了。光绪皇帝辍朝 7 日,陪同慈禧太后到醇亲王府探看,定称号曰"皇帝本生考",载沣即日袭王爵。几日后,又降懿旨赐奕譞谥号曰"贤",建立醇贤亲王庙,光绪皇帝穿丧服一年尽孝。

奕譞,有人说他是一个懦弱的人,半辈子做的事情就是夹着尾巴做人,拼命地讨好慈禧太后。也有人说他是一个不错的王爷,典型的好人,聪明、正直、勇敢而且很仗义。他在辛酉政变中为两宫和奕䜣沟通消息,力擒赞襄政务八大臣的核心人物肃顺;他为天津教案中枉死的国人鸣冤叫屈,愤而辞职;他推进中国的现代化,扶持李鸿章修建铁路、建设现代海军,让铁路得以在中国不断延伸,让大清朝一度拥有保护海疆的力量;他竭力地调和各方,让大清高层不致分裂。

如果没有他,也许晚清的和平建设会被政争损害得更严重。历史来不得假设,今人能做的就是怀着温情与敬意来看待这段动荡的岁月。

## 嫡母和生母

载沣的嫡母叶赫那拉·婉贞作为中国近代史上另一位叶赫那拉氏,是道员惠徵的次女,慈禧太后叶赫那拉·杏贞的亲妹妹,奕譞的嫡福晋。选秀时婉贞未能进入皇宫,却也在众多适龄女子中成为一时翘楚。

　　进入宫中且得到宠爱的杏贞为了固宠，积极地向咸丰皇帝吹枕边风，将妹妹赐给奕譞。这倒成全了婉贞和奕譞的美好姻缘，婚后两人的生活非常和美。但近支王公的家族成员谁也无法摆脱宫廷的干扰，这一位叶赫那拉氏也被卷了进去。

　　1865年2月，叶赫那拉氏为奕譞诞下一子，取名载瀚。不幸的是载瀚福薄，第二年便离开人世。叶赫那拉氏痛彻心扉，好在奕譞很心疼她，夫妻感情依然很好。过了几年，叶赫那拉氏又为奕譞产下一子，取名载湉。夫妻两个人希望孩子一生平安，然而现实总是很无奈。同治皇帝驾崩后，载湉被两宫太后相中，带入紫禁城，成为皇位继承人。醇亲王府对此全然无措，叶赫那拉氏的心仿佛被割了一刀。

　　载湉年幼不懂事，对空旷幽深而又冰冷的皇宫恐惧不已，整日哭哭闹闹，叶赫那拉氏得以入宫照料。母子相见却不能亲亲热热地表达骨肉之情，无疑让做母亲的极为心痛。小皇帝对生母非常亲近，叶赫那拉氏偶尔没有入宫，也经常念叨"醇王福晋怎么还不来看我，醇王福晋怎么还不来看我"。真是闻者伤心，听者落泪。慈禧太后原本就痛失爱子，心里十分难受，整日听闻小孩子的喃喃唤母声，无疑更为心痛，对亲妹妹入宫极为介意，致使叶赫那拉氏入宫看望的机会越来越少。

　　骨肉生别离，一在紫禁城，一在醇王府，一为帝国君主，一为醇亲王嫡福晋。相见难，难于上青天！

　　1875年，叶赫那拉氏再次为醇亲王产下男孩，不幸的是孩子

载沣的阿玛奕譞和额娘叶赫那拉氏

身体极差，次日夭折。过了五年，叶赫那拉氏再为奕譞生下一个男孩，取名载洸。这个孩子无疑是叶赫那拉氏新的寄托，也许老天有意捉弄，不到四岁也离开了人世。

亲生骨肉一个个去世，唯一幸存的又被亲姐姐强行带入宫中，一年难得见上一面，其中滋味无法形容。与贵为太后的姐姐相比，叶赫那拉氏生性拘谨，她夏天轻易不到花园中走动，生怕一不小心踩死蚂蚁，积下罪过。同治皇帝去世后的一段时间，慈禧太后心情烦闷，请妹妹一块儿看戏，叶赫那拉氏却不领情，闭上眼睛说国丧不能看戏，惹得姐姐非常不满。

慈禧太后不仅夺走她的孩子，还将秀女颜札氏赐给醇亲王为侧福晋，不时召入宫中。颜札氏仗着慈禧太后撑腰，与叶赫那拉氏针锋相对，搞得醇亲王府鸡犬不宁。颜札氏年轻貌美，很得醇亲王喜爱，后来产下一女。但初为人母的她不幸离世，女儿没过几年也夭折。叶赫那拉氏看到世事变幻，心性更加谨慎，整日在家吃斋念佛，为紫禁城里面的骨肉载湉祈福，希望上苍能保佑他健健康康、平平安安、长命百岁。

自己的孩子成了帝国的皇帝，丈夫位极人臣，自己却生活在恐惧中，生怕哪天大祸降临，整日小心谨慎，谨守规矩，不敢有半点逾越。奕譞去世后，嫡福晋叶赫那拉氏心情异常沉重，身体每况愈下。念子之痛，每日不止，思子之苦，经年不绝，即使终日吃斋念佛也不能减轻分毫。日复一日的思念中，身子骨一点点地垮下去。1896年6月，叶赫那拉氏见过儿子载湉最后一面，带着无限的遗

载沣生母刘佳氏

憾和担忧离开了人世。

载沣的生母刘佳氏是奕譞的侧福晋，原是醇亲王府的一个侍女，偶然机会得到醇亲王宠幸。1883年2月，刘佳氏为奕譞诞下一子，取名载沣。过了两年，刘佳氏又诞下一子，取名载洵。又过了两年，刘佳氏再诞下一子，取名载涛。诞下三个儿子的刘佳氏在醇亲王府的地位迅速提升，却不能享受多少愉悦。自从载湉被带入宫中，醇亲王府就不得不承受巨大压力，这种压力让每一个人都感到沉闷。没过几年，奕譞不幸去世，刘佳氏独自抚育三个孩子。

对慈禧太后这个女强人，刘佳氏望之却步。醇贤亲王奕譞坟上的白果树扰了宫中的心境，慈禧太后不顾光绪皇帝的激烈反对，强行砍掉，导致刘佳氏痛苦不已。

嫡福晋叶赫那拉氏去世，慈禧太后亲往醇亲王府哭吊，让刘佳氏苦苦跪在雨中。翻箱倒柜后，慈禧太后命人将妹妹的珠宝全数抖搂在地，穿着花盆底鞋踩来踩去，下令完好无损的物品全数充作陪葬品，然后扬长而去。刘佳氏在雨中瑟瑟发抖，着了凉，落下腰腿痛的病。

1897年，慈禧太后强行将载涛过继给贝子奕谟为嗣子。刘佳氏惊痛不已，却也无可奈何，只好忍痛割爱。奕谟夫妇一生无子，听说醇亲王家惹人疼爱的载涛要过继过来，欣喜不已，大办堂会，宴请亲朋好友以示庆祝。慈禧太后竟然变卦，将载涛转而过继给钟端郡王奕詥为嗣子。奕谟夫妇空欢喜一场，羞愤难当，先后抑郁去世。

1901 年，慈禧太后将宠臣荣禄的女儿指配给载沣为妻。第二年，慈禧太后又强行将载洵过继给去世多年的奕诒为嗣子，在刘佳氏的心上又狠狠地割上一刀。

1908 年，慈禧太后立溥仪为皇位继承人，让载沣赶紧带入宫中。刘佳氏眼见光绪皇帝的遭遇，对慈禧太后抢自己孙子当皇帝的行为极为愤怒，对今后母子、祖孙的命运也感到恐惧，当即昏厥。祖孙分离的痛苦折磨下，刘佳氏时常大哭，像着了魔似的。时常让孙女韫媖、韫龢搀扶着在房中走来走去，说两个小孙女是仙童，自己是神仙，三人要往天上去，吓得已经成年的载沣赶紧请医生诊治。

刘佳氏原本个子不高，身体健健康康，面容胖胖圆圆，因为不断地受刺激，精神越来越差，脾气也越来越失控。每天早上梳洗后，刘佳氏就打坐念诵佛经，有一天却一反常态在屋里站着念。好奇的小孙女韫龢上前想看个究竟，刘佳氏将身子往前移动，韫龢也就跟上前，刘佳氏再移动，韫龢再跟上，如是者三。刘佳氏突然发火，对小孙女大吼几声，吓得小孙女哇的一声哭了起来。

1925年，刘佳氏的生命终于走到了尽头，离开了人世。

嫡母叶赫那拉氏和生母刘佳氏在载沣的生活中留下深深的烙印。叶赫那拉氏的小心谨慎，以及对孩子与丈夫的思念，让载沣感触良深。刘佳氏对子女疼爱万分，悉心照料，一生小心翼翼地应对时局，却无力反抗外部强权，只能一再退缩，潜移默化地铸就着载沣的性格。

## 皇帝哥哥

载沣的兄长爱新觉罗·载湉是同治皇帝的堂弟,历史上被称为清德宗或者光绪皇帝,出生于北京太平湖畔的醇亲王府。

同治皇帝去世后,载湉被立为皇帝,命运从此发生转折。他再也不是醇亲王府享受父母疼爱的小宝贝,不能叫父亲阿玛,也不能叫母亲额娘。也许是同治皇帝的放纵,给两宫和王公大臣留下的阴影太深,光绪皇帝不得不接受最严格的教育,预备成为一位孝顺、聪慧、勤学、亲善、贤明、仁德、进取的帝国君主。

光绪皇帝的身体自小孱弱,受够了琐碎繁多的规矩,生活极为不顺。宫中很少有同龄的儿童陪伴,也没有父母的疼爱,甚至饮食都得不到很好的照料,日子很是辛苦。看护的太监不求有功但求无过,严格限制饮食和活动,甚至担心消化不良而承担责任,故意让小皇帝吃不饱饭。冬去春来天气转暖,太监怕小皇帝受风着凉,仍然不许换装,让他整日穿着裘皮。暖则暖矣,却让光绪皇帝浑身难受,烦躁不已。

按照满族传统,光绪皇帝称慈禧太后亲爸爸。朝会时一个人坐在高高的龙椅上,手扶着扶手,脚够不着地。加上身体弱年纪小,听不懂军国大事,总想从宝座上跳下,或者在宝座上翻跟头,甚至听着听着就睡着了。

慈禧太后为了保持皇权的威仪,轻则呵斥,重则处罚。小皇帝动辄被罚跪,甚至被禁食,整天面对慈禧太后板着的脸,心里战战兢兢。

光绪皇帝幼年骑马照

幸运的是，光绪皇帝所受的教育十分完善。慈禧太后授意翁同龢重点教授《孝经》，让小皇帝打小就认为自己是最亲的人，并让太监李莲英随时监视。翁同龢娴熟经史，颇知教育之法，加上奕谟从旁帮忙，光绪皇帝偶尔闹下孩子脾气，倒也用功读书。满文、汉文、中学、西学、儒家经典、佛道典籍、历朝典制、本朝改良主义者的著作，无不涉猎。

帝师总是期望皇帝成为一名知识渊博、才能出众、品德高尚的君主，视此为毕生使命。翁同龢也有这个想法，多次教导光绪皇帝以正心诚意为本，勿视为迂谈，应身体力行，时刻保持应有的庄重。

1879年，北方久旱无雨，大地龟裂，禾苗干枯，小皇帝率群臣祈雨。孩子天性上来，东张西望，走路像奔跑一样，翁同龢见状苦劝不已。1881年，光绪皇帝第一次主持演耕，天朗气清，旗帜招展，农夫披着蓑衣拿着笤帚，一派热闹景象。小皇帝兴奋不已，冲到牛旁边大喊大叫，演耕时说说笑笑。事后翁同龢苦劝，请求皇帝在典礼上诚心正意，不要顽皮懈怠，小皇帝耷拉着脑袋连连认错。

在翁同龢的引导下，光绪皇帝逐渐对内政处置和外交活动有了深刻认识，对时局的艰难和国运的竭蹶大生感慨。1879年，在南书房查看中俄伊犁交涉奏折电稿时，翁同龢为光绪皇帝详细分析了"海防""塞防"以及"和""战"之争。光绪皇帝听完喟然长叹，列祖列宗留下的土地怎么可以随便丢弃，此事怎能讲和！侵略的屈辱深深地刺痛他的心，一颗振兴大清、捍卫领土与尊严的种子悄然萌发。

光绪皇帝逐渐成长，立志要像圣祖康熙皇帝那样做个有为之君，无论寒暑、健康还是疾病，天不亮即到上书房读书，行立坐卧诵读不断。对外部的事物，他也像圣祖康熙皇帝一样保持了旺盛的好奇心。宫中太监在东交民巷两家商店找来的玩具小车，引起了他的学习兴趣。通过外国人的联系，欧洲玩具厂商为他量身打造玩具，以满足他一发不可收的好奇心。从八音盒、八音车、留声机，到自行车、火车、火轮船，他对西方事物的兴趣从玩具逐渐扩展到发明创造。对于西方宗教和语言，光绪皇帝也极感兴趣，特意派人到美国圣经学会要来《圣经》。各种各样与西方有关的信息，无论是地质学、动物学、生理学、医学，还是文学、宗教源源不断地传入宫中，使得光绪皇帝对西方的认知非常广博。

1886年，光绪皇帝已成长为一个16岁的翩翩少年，凤眼月眉瓜子眼，清秀俊美。在翁同龢的悉心调教下，学业小有所成，称得上是胸有锦绣。经过一些历练，处理政务的能力显露出来，似乎也到了结婚、亲政的时候，然而事情不像预想的那么容易。

7月11日，慈禧太后召见奕譞，商量皇帝亲政的事情。慈禧太后称，皇帝学业有成，到了亲政的年龄，自己准备颐养天年，明年正月十五由皇帝主持政务。醇亲王听后大吃一惊，恳请太后看在国事艰难和小皇帝能力不足的份儿上，继续垂帘听政。

光绪皇帝原本听说要亲政，心里暗自激动，看到生父恳求不已，也黯然下跪恳请太后继续垂帘，暂缓亲政。慈禧太后坚持己见,没有马上答应。身为帝师的翁同龢知道后,对奕谟说此事重大,还请王爷和大臣们面请,于是亲王大臣联名上奏,恳求慈禧太后暂缓还政。

礼亲王世铎等人声称,皇帝亲政后,太后仍然需要每日召见大臣和披览奏折,皇帝按照太后的指示办事。翁同龢说,皇帝固然聪明,批阅奏折能知晓大概,显现出一定的主政能力,但是经史浩瀚尚未精通,天下事情纷繁,做不到一一明了,请太后继续垂帘,等一两年后,皇帝能力完备,再亲政不迟。

奕谟也上奏,王公亲贵和中枢大臣深思熟虑后,一致请求太后继续训政,让皇帝接受教育,在太后的熏陶下熟悉政事,年满20岁再考虑亲政事宜;即使皇帝亲政,也应按照旧例先向太后请示,再奏于皇帝,以便皇帝将精力用于博览群书。王公大臣尤其是醇亲王的意见,深合慈禧太后的心思。

倘使慈禧太后真的能多一分耐心和宽容,努力培养皇帝的能力,然后风风光光地颐养天年,或者光绪皇帝像嘉庆皇帝那样忍耐下去,也不失为一段人间佳话。

遗憾的是这些都变成了泡影,然后被残忍地刺破,留下一阵腥风血雨,满地狼藉。慈禧太后降下懿旨,称自己抚育、教导皇帝十几年如一日,才有了今天的成就,以后也必然会实施调护,于皇帝亲政后再行训政数年。礼亲王世铎等拟定《训政细则》,规定祭祀和问安等礼仪一切照旧;一切召见,太后皆可升座训政,设纱屏为障;内外臣工呈递请安折和奏折的形式照旧;各衙门照旧例接受引见，恭候懿旨遵行；乡试、会试及各项考试题目遵照成例，恭候太后过目，择定篇章页数，再请皇帝亲自命题，呈太后过目后发下；应行批复的奏折依照旧制朱笔批示，呈太后过目后发下。

1887年2月7日，亲政大典正式举行。光绪皇帝早早收拾停当，凌晨4点在群臣护卫下前往大高殿、寿皇殿，向大清的列祖列宗行礼，并在8点至慈宁宫，率群臣向慈禧太后行庆贺礼，之后在太和殿接受王公百官的朝贺，昭告天下正式亲政。

按照细则的规定，光绪皇帝可以独立决断但最终决策权仍牢牢掌握在慈禧太后手中。面对亲爸爸把持朝政大权，光绪皇帝无可奈何，只能人前强颜欢笑，装出一副恭顺的模样，背地里烦躁不已。

光绪皇帝亲政后，婚姻大事提上议事日程。1888年7月27日，一道懿旨给了光绪皇帝新的希冀。慈禧太后声称，以前因为皇帝刚刚亲政，遇事多不能决断，才答应王公大臣的请求训政数年；最近一段时间以来，皇帝处理政事越来越成熟，军国大小事务均能随时剖决，如果明年正月完成大婚，皇帝将完全施政。好像只要皇帝成亲了，自己就会真正放手，任凭他施展抱负。

光绪皇帝振奋不已，似乎一个美好的时代正在开启，而他将是这个时代的主宰者。皇后和妃子从八旗秀女中选取，慈禧太后的内侄女、江西巡抚德馨的两个女儿、侍郎长叙的两个女儿进入皇家视野。皇帝选妃和大婚是大清的头等大事，应该由光绪皇帝亲自选定。但是慈禧太后看中了自己的内侄女，强行立为皇后，将光绪皇帝中意的侍郎长叙的两个女儿列为嫔妃，让光绪皇帝大为恼火。不过形势比人强,光绪帝只能默默接受。

当上皇后的叶赫那拉氏已经21岁,相貌平平,又是慈禧太后选的,十分不讨光绪皇帝的喜欢。瑾嫔和珍嫔,尤其是珍嫔,相貌端庄,居家时受开明的母亲和才华横溢的族兄志锐的影响,兴趣广泛,反应敏锐又不失天真,很讨光绪皇帝的喜爱。

珍嫔的到来犹如一缕阳光,穿透笼罩在紫禁城的阴云,又似投入沉寂湖面的一颗石子,激起光绪皇帝对未来的憧憬。两个志趣相投的人越来越亲近,或女扮男装,磨墨捧砚,谈古论今;或摇扇品茗,谈论诗词,对弈手谈。两人你侬我侬,倘若不在紫禁城,倒也是一对惹人羡慕的神仙眷侣。

尽管光绪皇帝对强加的隆裕皇后不满,甚至借口身体不适,撤销了太和殿宴请皇后家族和在京满汉大臣的宴席礼。但完成成婚大典,意味着大清朝的政治揭开新的篇章。

1889年3月4日,光绪皇帝再一次举行亲政大典,宣告训政正式结束。在慈宁宫,光绪皇帝率群臣对慈禧太后行三跪九叩大礼,然后赴中和殿接受执事官行礼,再赴太和殿接受王公百官叩拜,下诏颁行天下,开始亲政。

光绪皇帝成婚大典前夕,礼亲王世铎拟定归政办事条目,给了光绪皇帝接受和批复奏折的权力。作为过渡,仍然赋予慈禧太后最终的决定权,朝廷大政还是需要秉承慈禧太后的意志始见施行。这就让光绪皇帝的心情极为压抑,整日谨慎小心,遇事不敢擅自决定,必须秉持慈禧太后的命令。

奕譞的病逝对光绪皇帝是个沉重的打击。从童年到亲政,尤其遭遇逆境时,醇亲王的存在和周旋总会帮助他化解危难,给他带来一丝慰藉。醇亲王的去世对大清来说是个灾难,尽管很少有人意识到这一点。慈禧太后和光绪皇帝之间的纽带断裂,缓和调解二人矛盾的人物从此消失,脆弱的政治平衡一点一点地被打破。

从大婚到亲政,再从亲政到醇亲王去世,时间对年轻的皇帝来说走得快了些。无法真正地获得最终决策权,不妨碍他了解外部世界,做个有为的君主。1890年,光绪皇帝召见回国的驻美公使张荫桓,询问外国情况。听闻驻日参赞黄遵宪呕心沥血地著述《日本国志》,便命人取来阅读,对明治维新留下深刻的印象。

1894年,慈禧太后六十大寿,朝鲜爆发东学党起义,朝鲜政府请求宗主国出兵镇压,清政府派遣直隶提督叶志超率领一千五百兵丁前往戡乱,其后又有军队陆续运达。日本借口《中日天津会议专条》和《日朝修好条约》出兵朝鲜。东学党起义平定后,日本拒绝中国的退兵照会,要求两国联合改革朝鲜国政,意图挑起战争。

慈禧太后很生气,但不希望因此影响六十大寿庆典;光绪皇帝不愿意在朝鲜问题上退步,反对对日妥协。两宫出现明显的分裂。

王公百官的意见也不一致,有的人主张和平谈判,息事宁人;有的人主张对日强硬,维护帝国权威。李鸿章就朝鲜问题上奏,为朝廷分析中日两国的实力对比,大清海军久欠战阵,长期没有更添舰只,海军军费入不敷出,日军不断更新和添置军舰,勤于训练,

光绪皇帝画像

实力远超中国,此时不宜和日本开战。以翁同龢为首的"清流"对李鸿章的意见嗤之以鼻,强烈要求对日作战,光绪皇帝的态度更加强硬。

甲午中日战争爆发,结果如李鸿章预料的那样,以失败告终。清政府在失去藩屏琉球、越南后再次萎缩,朝鲜被日本控制,大清的对外影响力严重削弱。巨额的战争赔偿、大片领土的割让和经济权益的丧失,对臣民的信心造成毁灭性的打击。康有为、梁启超率领数千名举子联名上书,要求拒绝和约,迁都再战。部分京官对李鸿章签署的《马关条约》甚为不满,上书御前。

光绪皇帝总结经验,认为对日作战失败的原因很复杂,既源于李鸿章等人指挥不力和前线将士作战不力,也源于大清朝体制过于落后。日本之所以取得胜利,不仅仅因为拥有更多更强的舰只和训练有素的军队,更在于大胆地抛弃旧有包袱,走上彻底学习西方的道路。

甲午中日战争的失败激起了巨大的反响,统治阶层在加快向西方学习上达成共识,但是在主导人选以及要不要进行根本性变革上产生分歧。康有为写了《新学伪经考》和《孔子改制考》,将历来认为神圣不可侵犯的经典指为伪作,将孔子打扮成为怀有进取精神、民主思想和平等观念的改革者,为变法提供理论依据。因为牵强附会,被视为离经叛道,遭到学术界的抨击。上书失败后,康有为南下,继续从事教育,以传统公羊经学和西学为主要内容,培养维新人才。一批思想开明、力求进取的青年才俊被吸引,成为康氏门生。

光绪皇帝欲仿效日本进行新式改革,十分支持康有为的主张,并将康、梁等人引入中枢,希图激进变革实现政治抱负。急躁冒进的皇帝缺乏正确的变革理论和充分的政治经验,不可避免地引发政治灾难。康、梁等人盲目照搬明治维新的经验,将慈禧太后视为最大的敌人,意图将其清除,推年轻的光绪皇帝为最高权威,实施全盘改革计划。这就把意图保持政治中立,甚至倾向改革的慈禧太后推到对立面,也造成保守势力的聚集。

慈禧太后政治态度大幅后退,考虑到个人的生命安全一度遭遇威胁,生出更换皇帝的想法。无法把康、梁等人"围园杀后"的密谋向世人公布,传统的政治伦理又不支持后宫干政和随意更换皇帝,造成了慈禧太后的政治窘境。皇室的部分亲王为了子嗣能够继承大统,上演各种政治闹剧,将国家一步步推向深渊。

朝廷的分裂在帝国的官僚、士子、百姓中,造成无法估量的影响。帝国的一部分官僚基于传统政治价值和乌托邦的政治理想,一度倾向光绪皇帝,另一部分务实的官僚从实际出发,倾向于掌握实际权力的慈禧太后;帝国的士子阶层,特别是倾向于改革的士子,要么不得不追随康、梁,要么陷入迷茫中寻找新的方向;帝国的百姓,特别是遭受列强欺辱的百姓,视列强和倾向改革的官吏为敌人,肆意地毁灭一切与西方有关的事物,将整个国家推向万劫不复。

戊戌变法后,光绪皇帝基本丧失权力,大阿哥溥儁入宫后差点被废。庚子国变中眼见心爱的珍妃被逼跳井,再到逃亡途中与亲爸爸针锋相对,光绪皇帝最终没熬过时间,余生可谓是悲怆万分,几乎没有帝王的尊严,其中缘由难以表于人前。

## 两个至亲弟弟

奕譞一生共有七个儿子、三个女儿,长子、三子、四子早夭,只有二子载湉、五子载沣、六子载洵、七子载涛活下来,三个女儿也仅存活一个。载沣与六弟载洵、七弟载涛为一母所生,关系极好。

三兄弟中,载沣性情宽厚,凡事都让着载洵与载涛。遇到事情,载洵喜欢拿主意,载涛也不甘示弱,载沣只能退让。两个弟弟堪称美食家,吃的花样变来变去。载沣对饮食不大讲究,吃菜无非是老几样。三人一起吃饭点菜,载沣连自己喜欢吃的菜名都说不上来,只能向两兄弟讨教。小时候一块儿吃烧饼,载洵爱吃沾满芝麻的烧饼盖,载涛要吃麻酱较多的烧饼底,载沣只好吃既没芝麻又没麻酱的烧饼圈。

载洵、载涛二人自幼聪明,兴趣爱好不大相同。载洵喜欢吟诗作画,吹拉弹唱样样在行,篆隶行草无所不能。载涛同样有艺术天赋,虽比载洵略差,但画的马栩栩如生,已经超越了票友水平。这一方面说明皇家的教育比较完善,只是因为生为皇亲国戚,被政治

载洵像

耽误了艺术才能；另一方面说明宗室亲贵不务本业，热衷休闲娱乐，完全没有开国诸王的历练和追求。

载洵、载涛有父母的悉心呵护和兄长载沣的照顾，也有数不清的政治纷争。慈禧太后对醇亲王一家的感情太过复杂，与自己的亲妹妹闹别扭，特意将颜札氏赐给奕谡。醇亲王去世了，慈禧太后因为忌讳，将坟上的白果树砍倒，惹得醇亲王一家怨愤不已。嫡福晋叶赫那拉氏去世后，慈禧太后命人将叶赫那拉氏的珠宝都抖搂在地，死命地踩，把完好的珠宝全数指定为陪葬品。

对载洵、载涛兄弟，慈禧太后也把他们带进了政治旋涡，1898年先将载涛过继给奕谟贝子夫妇，后又在1902年过继出去给钟端郡王奕詥为嗣子。载洵也没逃过同样的命运，被过继给瑞敏郡奕誌为嗣子。几次出嗣并没有影响三兄弟的感情，载涛和载洵多数时间生活在醇亲王府。

载洵和载涛初涉宦海，从恭送五哥载沣出使德国开始。艰难的时局让手足情深的三兄弟紧紧团结在一起，两弟弟一路送到天津塘沽口，才依依不舍地回到王府。载沣返京后，向家人谈起自己拒绝随从向德皇威廉二世行跪拜大礼。载洵和载涛眼前一亮，没有想到平时极少言辞的五哥竟然有如此凛然的风骨，真不愧是爱新觉罗家族的后裔。当载沣讲起德国皇室掌握军权的现实时，两兄弟深表认同，认为大清军队还是要掌握在皇族手里，千万不能旁落。

陆军贵胄学堂开设后，三兄弟同时入学，留下了大量的课堂笔记，还有装帧精美的《贵胄学堂同学录》。载涛自幼喜欢拳脚，尤其喜欢骑马，陆军贵胄学堂毕业后，远赴法国索米骑兵学校，接受正规的军事训练。王公贵族留学海外，也算让世人看到了大清重整军事的决心。只是载涛学习的是战术，尤其是骑兵训练与作战，未参与实战。

骑兵学校的经历练就了载涛高超的骑术，他可以在疾行如飞的马上侧身、俯身、倒立、倒骑。甚至第一次遇到的马，无论是耕马还是战马，都能立刻分辨出种类和用途。清末载涛专门负责训练晚清末年的骑兵部队，希望借由骑兵带动整个陆军，推动大清军事的现代化。

溥仪当上皇帝，载沣成了监国摄政王，两个弟弟开始伸手要权。起初载沣不愿意任人唯亲，无奈一群满族亲贵聚集在醇亲王府和朝堂，嚷嚷着要把落到汉人手里的权力夺回来。陆军贵胄学堂的毕业生借着同学之谊，频频出入醇亲王府，让载沣头疼不已。这群小爷们能力弱，格局小，野心倒不小，用人只在小圈子打转，完全意识不到厝火积薪的危险境地。

两个弟弟不甘示弱，一再讨要，载沣只好让步。载洵以父亲创建大清朝海军为由，向载沣要去海军大臣的职位，雄心勃勃地制订了海军重建计划。载涛拿到军咨府大臣和禁卫军训练大臣的职位，制订了宏大的陆军整编计划。两个人一海一陆，直接掌握军权，把载沣推上风口浪尖。

二人不是一层一层升上去的，缺乏军事历练，也缺乏根基和人脉，根本使唤不动下边的人。他们制订的海陆军重建计划，也让陷入严重财政危机的大清难以承受。军队整训需要安定团结,也需要军官的层层提拔,更需要有自己的铁杆嫡系。少壮派亲贵打破了军队的常规,让汉族的官僚士绅侧目不已。

辛亥革命大潮袭来,载沣想调动军队解决乱局,结果除了两个不接地气的弟弟,根本调动不了多少军队,只能无可奈何地恭请袁世凯出山。此时,载涛是禁卫军大臣,掌握着八旗最后一支武装部队。袁世凯和徐世昌定下计谋,佯称让载涛带兵开赴前线,膏粱子弟如何见得了血肉横飞,载涛只好交出八旗的最后一点儿血本。冯国璋出任禁卫军总统官,时刻听从袁世凯的召唤。

载沣急流勇退后,载洵和载涛二人不能接受帝国覆灭的现实,同善耆、良弼、溥伟、铁良等组成宗社党,企图夺回内阁总理职权,由载泽、毓朗组阁,铁良出任总司令,与革命军决战。结局可想而知,良弼被炸死,宗社党星散。

御前会议上,隆裕太后在是否退位问题上犹豫不决,转头问貌似知兵的载涛是否打得赢。载涛直接回复,"奴才只练过兵,没打过仗,不知道能不能打赢",然后沉默不语。这句话让隆裕太后心里更没底,看着吵吵嚷嚷的朝堂,垂泪宣布了退位。就这样,一众亲贵不可避免地退出舞台中央,中国再也不是满洲贵族的江山。

清帝退位后,依然保留着一个小朝廷,载涛在其中依然是重要人物。张勋复辟后,载涛又当上了所谓的禁卫军总司令,不过没几天又下台,成为历史的笑柄。溥仪长大后,载涛遵循所谓的圣旨,重修了八旗谱牒,获得了封赏,拥有了朗润园等皇家园林。只是后来坐吃山空，全都卖给了燕京大学。

载涛作为皇叔，始终是近支王公世爵的领衔人，在赏赐奕劻谥号、查看东陵被盗、筹备溥仪大婚、调停淑妃离婚案等事情上，发挥重要的作用。即便如此，喜怒无常的溥仪刻意树立皇帝的威严，还是不满意，甚至下手谕严厉斥责，让载涛非常伤心。

载沣、载洵和载涛三兄弟都是国家观念极为强烈的人，抵得住功名利禄的诱惑。溥仪前往东北搞复辟，成了政治傀儡。日本人以溥仪的名义请三人去东北，兄弟三人无一人愿意担任官职。载洵在政权更迭之际屡屡遭受革命党人的暗杀，但是非分明，认为同革命党人之间是理念和利益之争，同日本人之间则是无法调和的敌我之争，不愿因为对民国党人有仇恨怨愤就投身日本人的怀抱。

载涛更是如此，屡次拒绝来自东北的邀请，不愿去当亡国奴，拒绝为日本人服务。即使是去东北，也是和载沣一样，以探亲的名义前往。没有想到溥仪再一次摆起了皇帝的架子，找茬训斥了远道而来的载涛。有一次更过分，载涛在御花园闲逛，正巧碰见溥仪，没来得及老远下跪，只好躲避在花丛后面。溥仪看到更加生气，直接让自己的亲叔叔跪在泥土上，大声斥责。载涛再一次心灰意冷，回到北平后接连几天向家人抱怨，自己的面子在东北完全没了，溥仪真是个亡国之君。即便如此，载涛还是让他的子女前往新京，侍奉皇帝，说明他的内心中还有浓浓的皇权意识。

载涛酷爱马匹，在贝勒府养了几匹马，配有专门的马厩，一有闲暇就骑马逛街。七七事变后，日军占领北京城，载涛在街上常常遇到横行无忌的日本人。有一次，载涛回家后气愤地喊道："日本人欺负中国人都欺负到家了！"经询问，家人才知道载涛在街上闲逛，遇到日本人像主人一样厉声盘问一个骑马的中国人，而载涛一家受日本人礼遇。国难如此，这种礼遇无疑是大大的羞辱！载涛羞愤之下，将心爱的马匹连同马车全部卖掉，不愿在日本治下骑马街衢。

卖掉了马，载涛又发展了原来就会的养花、绘画、养鸽子、骑自行车等兴趣爱好。甚至把鸽子当作自己的孩子，不允许有一点点的伤害。后来又听从梅兰芳的建议，每天远眺飞翔的鸽子，用来练眼睛。家中的几辆自行车更是载涛的最爱，没有自己的允许，绝不允许借出去。有一次，一个皇族近支借自行车，恰好载涛不在，仆人私自借了出去。载涛回来后非常生气，告诫仆人不要再擅自做决定。

至于唱京剧，载沣更是能手，还曾专门拜钱金福、杨小楼为师，反串梅兰芳的《贵妃醉酒》。除了拜师，载涛也授徒。比如，教授杨万春猴戏，传授其十字要诀，点石成金，力捧其成为京剧名家；尚小云初出道时，载涛不仅赠送戏装，而且每场必去，大捧特捧。

载涛的生活日益窘迫，不得已卖掉后海的贝勒府，购置了山老胡同的一处小宅院。时值乱世，物价飞涨，区区卖房所得根本不够维持全家几十口人的生活。载涛便和夫人们一起到后海北沿摆地摊，变卖家中旧物，有时阴差阳错地将明瓷当新瓷卖出，让小摊位成了众人捡漏的热点。出卖旧物仅仅换点买杂合面的小钱，即便如此，载涛坚决不和日本人合作。

哪怕做了汉奸的王揖唐亲自请他出面，载涛也不愿因生活窘迫而同汉奸合流，反倒戏谑地向王揖唐作揖。对于其他皇族近支的劝说，载涛一概回绝，坚决不蹚卖国这湾浑水，也不愿成为卖国贼。

不因五斗米向日伪折腰，政治操守和民族气节可见一斑。没落王孙终究对得起列祖列宗，没有给先人脸上抹黑。

抗日战争以中国的胜利而告终，载涛终于松了一口气。不幸的是内战再次爆发，载涛又过了几年的苦日子。中华人民共和国成立后，载涛渴望将所学献给国家，不顾年事已高，奔波在西北军马场，悉心传授改良马种的知识。载沣去世后，葬礼由他操办，实现了最后一代摄政王的风光葬礼。

载涛对国家的热忱得到国家领导人的高度认可，政府聘他为解放军总后勤部的马政顾问，行政级别定为十三级，称他对改良马种贡献很大。民革中央主席李济深充当入党介绍人，邀请他加入民革，成为民主党派成员。

新中国施行一夫一妻制，革除纳妾等陋习。载涛娶过一妻三妾，按照新时代的要求必须离婚。可是几个妻妾之间相处融洽，习惯了大家庭生活。没有办法，只能假装离婚，主动分家后各自独立生活，名义上只和年龄最小的王乃文组成家庭。分家不分心，载涛没有得罪过街坊邻居，街道办也就睁一只眼闭一只眼。

从左至右为溥仪、载涛、溥杰

王乃文是载涛五十岁娶的侧福晋,原来的职业是唱戏,夫唱妇随,倒也琴瑟相和。载涛曾经请梅兰芳到家做客,两人亲自教授王乃文《贵妃醉酒》。王乃文性格温和,嫁过来后很知足,只是不适应贝勒府烦琐复杂的礼节。中华人民共和国成立后,王乃文有次认真地问载涛为什么娶她。载涛感慨地说,最补的还是女人,中老年男人娶了年轻女人暖被窝,比吃什么补品都强。这可惹恼了王乃文,原来你娶我就是为了暖被窝,贪恋自己的年轻,一气之下几天不说话。载涛等到王乃文气消了,正式道歉,并检讨了自己的封建思想。

1954年,载涛当上了第一届全国人大代表,生活较为清贫。一次会议中,载涛接到家中的电话,得知北房东南角塌了个窟窿,面露急色。与会人员问怎么回事,才知道这位前清皇族、当今的人大代表连房子也修不起了。此事被很多人知晓,毛泽东主席特意从稿费中拿出2000元托章士钊转交,载涛才算有了修缮房屋的钱财。

老年的载涛对子侄一辈,尤其是溥仪很关照,特别称他为"大爷"。溥仪在新中国接受劳动改造,后来毛主席指示,载涛获准去探望学习不错的溥仪。时隔多年,载涛带着两个侄女坐火车到了抚顺战犯管理所,终于见到了侄子。曾经的帝王成为阶下囚,皇叔再也不用下跪请安,政治变革剔除了传统的跪拜之礼,亲情真实地显露出来。几十年的风云变幻莫测,往事一幕幕,泪水一行行。几个人抱头痛哭,感慨世事无常,期待监狱外面的再次相聚。

等到溥仪被特赦回到北京,载涛更是宴请在京的各位子侄,共同庆贺"大爷"的新生。他感慨地说,历朝历代的末帝哪有善终的,只有"大爷"健康地活下来,还成为共和国的公民,真是可喜可贺。溥仪与李淑贤再婚,载涛作为唯一健在的叔叔前往祝贺。动荡的岁月里,载涛也受到了冲击。红卫兵多次上门,批斗已经瘫痪在床的载涛。生性豁达的载涛不再那么乐观,甚至有一次悲伤地说,实在不想活了。幸亏有王乃文悉心照顾,坚定不划清界限。载涛的眼中既有感激,也有悲伤,感激的是王乃文的不离不弃,悲伤的是寿则多辱,遭受他人无端的责骂。

1970年,84岁的载涛离开了人世,遗体火化,骨灰安置在八宝山烈士公墓第八室。与晚年染上鸦片烟瘾、1949年去世的载洵相比,与接受劳动改造的两个侄子相比,载涛也算安享了晚年,得到了善终。

# 第二章 成长中的亲贵

## 少年王爷初长成

　　醇亲王府有三座,一座位于太平湖东岸,俗称南府;一座位于后海旁边,俗称北府;还有一座位于紫禁城西苑,现在俗称中南海。

　　南府和北府出了光绪、宣统两位帝王,称为潜龙邸。按照皇家规矩,王府一旦出了帝王,就要改为寺庙、皇宫,或者干脆空着,总之不能再住人。1888年,奕谡援引旧例,奏请将南府升为潜龙邸。慈禧太后批准通行,另赏新府,并赐银16万两对旧府加以修缮。等溥仪当了皇帝,北府也成为潜龙邸。朝廷比照清初摄政王多尔衮的规格,在西苑修建摄政王府,工程浩大,规格更高,只是未及完工也未及入住,大清就亡了。

　　载沣出生在南府,一生的大半时光生活在北府。两座王府留下了载沣的生命印记，也记录着他的喜怒哀乐。

几次政权更迭下来，主人变了又变，王府失去了往日的尊贵与威严，成为公共区域，供普通人休闲娱乐。现在去醇亲王府参观，还能见到部分老建筑，只是整体面貌有所改变。

时光倒流100多年。1883年正月初五这一天，寒冷料峭，只有梅花在凛冽的北风中盛开，一个小男孩呱呱坠地，降生在太平湖东岸的醇亲王府。他的名字叫载沣，后来成为执掌天下权力的摄政王。

每一个人的出生都是无法改变的，也是绝不相同的。有的人生下来就饥寒交迫，难得一顿饱饭，有的人生下来就是锦衣玉食，享不尽的荣华富贵。命运有太多的不公，有太多的机缘巧合，也有太多的差异，尤其是在家天下的大清朝。

载沣含着金汤匙出生。他有四个哥哥，三个已经夭折，唯一活着的是在位的光绪皇帝——载湉。载湉此时12岁，还是一个孩子，没有参与国家事务的管理，朝政由慈禧太后掌控。皇帝还小，但终有一天会亲政。载沣是光绪皇帝的亲弟弟，未来必然众所瞩目。

按照清朝皇族子弟的惯例，5岁发蒙，接受私塾教育，学习《三字经》《百家姓》等。奕譞重视子女教育，在王府办了家庭私塾，请来汉文先生专门教授载沣一人。奕譞对教书先生非常尊敬，要求王府的厨房每天准备上好的午餐，接送一律备轿。仆人报告说，教书先生从来没动过午餐，不如不准备。奕譞不同意，每一次还是郑重地让仆人准备，以体现尊师重道和礼贤下士。教书先生同

年轻时的载沣

样保持自己的师道尊严，每次看到午餐，就下课离身，坐上备好的轿子回家。士为知己者死，教书先生感谢王爷的厚意，加倍用心，倾囊相授自己的知识。

奕譞要求载沣跟教书先生好好读书，不可因为是贵族子弟就骄奢放荡。清军入关后，八旗子弟由国家提供爵禄，皇亲国戚有着享不尽的荣华富贵，上学仅是形式，认识几个字而已，没有多少人把它当真。部分学生甚至视教书先生为家奴，上课嬉戏玩耍，胁迫教书先生作弊欺骗家长。载沣不顽劣，没有八旗纨绔弟子普遍存在的恶习。

除了汉文老师，奕譞还专门为载沣聘请了满文老师，以示不忘本。清兵入关以来，满语一直是清朝的"国语"，是八旗子弟的通行语言。随着时间流逝，满人越来越接受汉文化，同化的程度越来越高，连常用语言也变成了汉语。到了晚清，会讲满语的旗人越来越少，王府内没有多少人用满语交流。

载沣从小学习满语，能听能读能说能写，在同时代的八旗子弟中非常罕见。载涛和载洵两兄弟则有皇亲国戚常见的养尊处优，学习远不如哥哥，无论是汉文还是满文，均是如此。

除了正式上学之外，奕譞还亲自教导载沣如何做人做事，时常为他讲解府内四处张贴的治家格言。载沣深受父亲的影响，从小养成了谦卑、知足、好学的性格，略显少年老成的稳重，缺乏敢于闯荡的魄力与勇气。

学习之余，载沣也会在王府游玩。南府紧临太平湖，夏天时湖水涟涟,杨柳依依,赏心悦目;冬天时寒水结冰,枯叶凋零,别有一番风味。载沣也会领着两个弟弟游玩,后面跟着一群仆人伺候。

北府由原来的成亲王府改建,交给兴隆、广丰两个商家承修。奕𫍽主管过皇家园林和陵寝工程,与京师多个承包商交好。此时自己改建王府,有两个承包商都想独立完成,奕𫍽碍于情面,只好让两家各修一半。因为有竞争关系,进度大大加快,质量互有参照。王爵世袭罔替,王府也会传之子孙,用料和设计自然非常讲究。

1891年,第一代醇亲王奕𫍽去世,走完了他小心翼翼、如履薄冰的一生。载沣尚在幼龄,醇亲王府缺乏主事的成年男人,工程进度明显下降,偷工减料时有发生。正所谓人在人情在,北府仓促之中完工,建造明显不如南府。

奉慈禧太后的懿旨,8岁的载沣承袭世袭罔替的醇亲王,成为王府真正的主人。因为年幼,由母亲执掌家事。此时的载沣未经世事,懵懂无知,但身为大清为数不多的铁帽子王,光绪帝的亲弟弟,必然受到众人瞩目。载沣也以大清的主人自居,以哥哥光绪帝为荣耀,以复兴祖业、王朝中兴为己任。

1894年,甲午中日战争爆发,中国在海陆战场均遭惨败。随后向日本赔偿巨款,割让台湾和澎湖等地,光绪皇帝的自尊心受到极大的伤害。1897年年末,山东发生曹州教案,两名德国传教士被杀,德国乘机侵占胶州湾。随后,俄国进占旅顺、大连,法国进占广州湾,英国进占威海卫并在香港拓展新界。列强意图瓜分中国,朝廷内部再次敲响了警钟。

1898年6月，光绪皇帝任用康、梁为首的维新派进行改革，施行变法，触及守旧派的核心利益，打破了原来朝臣间的势力均衡。9月，慈禧太后发动政变，光绪皇帝受困瀛台，康、梁逃往国外，谭嗣同等人被杀。光绪皇帝无法正常理政，皇位面临着严重危机。慈禧选择另外一个溥字辈的皇族子弟作为大阿哥，养在宫中，准备在合适的时间替代光绪皇帝。

载沣与两个弟弟在府内生活，不到参政议政的年龄，读书、请安是每天的例行公事。此时的大清不再像微波荡漾的太平湖水，府外的纷纷扰扰、政治上的云诡波谲，与府内的平顺和静谧形成鲜明反差。

大厦将倾，国家走向衰颓，谁又能躲得开？生母刘佳氏时常打卦占卜，找大仙问询事情。载沣虽然不信，也会随母亲跪拜祈祷。平时无事时，载沣与两个弟弟在府内外游玩，或者泛舟水上，或者游目园中。童年的相知、相随、相伴让三兄弟的感情更加浓厚，形影不离，有太多的快乐一起分享。

载沣此时已经十几岁，虽然不完全懂得政治，但是政治的血腥深深刺伤了他。随着知识的积累和人生阅历的增加，他看出了哥哥的无奈悲怆，看出了慈禧的阴狠果决，看出了清朝可恨又可怜的重重积弊。他本来就没有多少政治野心，仅有的少年意气早已在残酷的政治面前粉碎。他逐渐有了读书避祸的思想，每日在书房中度过，在知识的海洋中寻找宁静的港湾，很少与王府之外的臣僚交往，也很少评议朝政。

至于轰动一时的戊戌变法和戊戌政变，载沣没有卷入其中。面对维新的失败和朝政的动荡,载沣深为惋惜,私下对人讲,"维新阻于奸谗离间,大可惜也。"至于谁是奸佞,谁是宵小,谁进谗言,谁又在离间两宫,没有讲明。不过可以揣度,应该是指康、梁等人。

## 出洋道歉

1900年,是改变中国命运的一年。戊戌政变后清廷迅速地转向保守,从上到下弥漫着排外主义。大清不再是强调适度变革的国度,而是把洋人视为不共戴天的敌人,把西方文明视为中国落后挨打的根源。教民冲突此起彼伏,保守的王公大臣和地方官僚仇杀外国人和中国信教者,甚至排斥火车、电报、学堂等一切西方文明事物。

义和团在山东兴起,袁世凯的血腥镇压迫使团民外溢到了京津。部分近支王公,尤其是大阿哥溥儁之父端郡王载漪借盲目排外巩固地位,一意开战的浪潮席卷京津。中外矛盾尖锐到了极点,朝廷内部严重分裂,德国公使克林德在北京遇害。

八国联军侵华,占领了华北大片地区,直接控制北京和天津。中国的国运降到最低,臣民对清朝统治的信心崩解。载沣跟着两宫向西逃,走到半路,又被慈禧太后命令折返北京,协助奕劻、李鸿章与西方列强谈判,同时照看散落各处、陆续回府的亲贵王公。年

外国图书中的载沣

轻的载沣努力不辱使命，时常向奕劻、李鸿章请教，收容其他王公暂居醇亲王府。

八国联军在北京建立了傀儡机构，前一阵的战乱得以平静，中外之间的谈判也在进行。只是这个时候的醇亲王府驻扎了日本军队，载沣一面与日军虚与委蛇，一面向奕劻探问形势，尽快促使日军撤出王府。随着和议达成，日军终于撤出王府，醇亲王府回到了载沣手里。

辛丑谈判中，德国代表提出极为苛刻的条件，要求清朝派出亲王级别的使臣前往柏林道歉。亲王们把出使外洋看作是鬼差，是丢人的事情，避之唯恐不及。条约的明文规定不能不执行，慈禧太后的目光投向了载沣。

载沣是光绪皇帝的同父异母兄弟，为数不多的铁帽子王，更是慈禧太后的侄子兼外甥，身份无比尊贵。庚子乱局中，载沣谨言慎行，独善其身，与义和团没有丝毫瓜葛。由他充任赴德道歉专使，自然受欢迎。何况醇亲王一脉历来忠厚顺从，对慈禧太后的命令，哪怕再多委屈再多不情愿，也会毫无怨言地遵行。

奕劻和李鸿章等人也对载沣寄予厚望，希望他完成《辛丑条约》规定的第一条谢罪重责，并借此去西方看看，开阔皇族视野，不再像端郡王载漪那般极端排外，让国家陷入万劫不复之地。此时的载沣也想出洋，看看打败大清的先进国家到底是什么样子，到底发达到何种程度。德国实行君主制，实现了富国强兵，也可为大清皇室的历史转变提供借鉴。

1901年，慈禧太后以光绪皇帝名义下诏，委任载沣为"头等专使大臣"，由老成持重的张翼和熟悉洋务的荫昌随同，前往欧洲向德国皇帝呈递谢罪国书。接到诏书的载沣赶紧收拾行囊，准备远赴欧洲，完成这个艰巨的任务。大清第一次派遣亲王出使外邦，却是向对方低头认错，祈求欧洲君王的原谅，修复两国邦交，的确相当讽刺。

载沣离开北京，自天津登上轮船招商局的安平轮，开始了远赴外邦的漫长征程。在十里洋场的大上海，载沣揣摩慈禧太后的心思，饬令上海道，一切从简，不必奢华。出门只坐四人抬的小轿子，刻意低调，不凸显亲王的尊贵。

为了保持清廉形象，载沣婉言辞谢各国商务代表举办的宴会和赠送的礼品。这种低调再低调的做派，不仅表现了一个皇室成员对政治的敏感，也借着大上海的平台，向世人展现了一个体谅时艰、务实简朴的亲王形象，在舆论圈里赢得了美誉。外国使臣来访时，他会闲谈数语，然后派荫昌等随同人员商谈具体事情。地方官员来访时，他会予以接待，如果有事情反映，会记下来准备来日上奏。在张翼、荫昌、梁诚、麦信坚等人陪同下，载沣前往德国领事馆回访，为两国邦交正常化做尽可能的努力。

总之，一切都是有条不紊、紧张有序。刚刚成年的载沣尽量做到最好，不让自己在此次出行中失分。十里洋场作为当时中国的商业中心，历来就是奢华糜烂的代名词，人们习惯了官员的豪华排场和贪污受贿。载沣杜绝官场恶习，表现得那么得体、谦逊和平易近人，给皇家保存了颜面。

从上海经福建抵香港，载沣对福建茶叶的凋零、英国人经营香港的成果感慨良深。自香港南行至新加坡，载沣对德国军队的精心操练、法国人在越南的商业苛政、英国人在新加坡的码头营建、华商在南洋的生存状况都多加注意。

印度洋的海况、英国人对锡兰岛的经营、苏伊士运河和地中海的风景，也让载沣眼界大开。途经多地，看到殖民者耀武扬威地欺凌当地人，也让载沣亲身感受到了亡国灭种的危机。历尽茫茫大海，一行人终于到了意大利，准备从瑞士进入德国。

但是外交形势发生了变化，德国方面突然提出清朝使节觐见威廉二世时，亲王专使载沣行鞠躬礼，参随人员行跪拜礼。跪拜礼原本是下级觐见上级的礼节，在等级森严的东方社会盛行。中西交涉中，西方使节拒不接受这种标志着顺从和臣服的礼节，通过一次又一次的军事胜利，让大清改为象征平等的鞠躬礼。

历史的吊诡在于此，历史的可笑也在于此。鸦片战争前，中国人拼命不想给外国人平等的地位，等到外国侵略者攻进来，外国人同样不想给中国人平等的地位。以前的帝国君主和大小臣工视外国人为夷狄，此时的外国人认为老大帝国野蛮、荒唐、不文明。

德国方面提出如此要求，明显带有羞辱的性质。载沣与奕劻、李鸿章、吕海寰等频频电文往还，商讨应对良策。外交事务的折冲樽俎实在不容易，哪怕是一个小小的见面礼都让谈判官员精疲力竭。

《辛丑条约》尚未签字，李鸿章和奕劻还在与德国进行谈判。德国方面极为强硬，视跪拜之礼为战胜国的当然权利。慈禧太后为了尽快结束八国联军对中国的占领，对是否接受跪拜礼没有太强调，只是告知李鸿章、奕劻和吕海寰尽量争取，实在争取不下来，跪拜礼也可以接受，但须特别声明此次为特例，今后中西交涉仍然遵照各国的通行礼。

载沣倒是非常坚决，称自己宁可跳海而死，也不想看到同行之人向德国皇帝跪拜，展现了弱国使臣的坚守、坚韧。谈判在一轮轮地进行，时间悄悄地过去，形势发生了转变，中国方面借此为由不在合约上签字。德国方面在中外舆论的压力下，最终免除参随人员的跪拜之礼。

载沣原来以身体不适为由在瑞士停留，接到德国方面的妥协消息后迅速启程。到达柏林次日，就带荫昌前往皇宫，觐见德国皇帝威廉二世。载沣递交了国书，陈述去年的变乱以及针对外国人的战争都是昏庸大臣挑动，并非太后与皇帝本意；臣民有错，皇帝难辞其咎，为此深表歉意；现在和议达成，中德两国不再有不和谐的因素，希望能够重修旧好，发展和平的外交关系。德皇威廉二世的答词非常强硬，说不能因为亲王道歉，就可以冰释前嫌，涉嫌挑动此次战争的王公大臣不能赦免，要严惩不贷，以后清朝皇帝办理国政，要严格约束臣民，谨守两国已经签订的条约。

致歉场面过后，德国方面给予载沣极高的礼遇，意图留下良好的外交印象，以便扩大在华利益。载沣多次会晤德皇、亨利亲王和德国政府官员，被赠予头等红鹰勋章。在德国外交人员的陪同下，载沣参观了皇宫、政府机构、厂矿和各类公共设施，竭尽所能地了解这个陌生而又先进的国度。先进的工业生产，快速的货物流通，井然有序的市区建筑，让他叹为观止。

除了参观，载沣也向德国问询强国之道，尤其是如何在国家巨变中保持皇室的地位与尊荣。亨利亲王直接表示，只有保持皇室和贵族对军队的绝对领导，才能实现国家的富强；皇室和贵族要进入正规军校接受训练，从低阶逐级升迁，不可越等而进。这不仅使载沣对西方文明有了较为深入的接触，也为载沣接受西方先进的政治军事制度创造了条件。

大清本想借着出使德国的机会，通过亲王外交游遍欧美，缓和同欧美各国的关系，为今后的变革创造稳定而友好的外部环境。德国不愿其他国家参与其中，毫不客气地表示不满，不希望专使道歉之旅变成大清推行亲善外交的舞台，迫使载沣以身体有恙为由匆忙归国。

回到国内，载沣赶紧觐见两宫。此时两宫正在回銮途中，载沣赴开封汇报。慈禧太后对此次出使外洋非常满意，认真听取了路上见闻和德国的富国强兵之道。作为第一个出使外洋的王公，载沣积累了政治资本，获得臣民的尊崇和两宫的青睐。

## 意味深长的指婚

中国传统政治崇尚家天下,正所谓"普天之下,莫非王土;率土之滨,莫非王臣"。大清,更准确地讲是皇帝一家的天下。慈禧太后作为大清的主政者,是权力的核心人物,对于近支王公的婚姻、家庭、升迁和罢黜,有绝对的掌控权。

载沣少年失怙,嫡母叶赫那拉氏不久又病逝,家里只有老醇亲王留下的几位侧福晋,缺少主事的男人。慈禧太后作为载沣的伯母兼姨母,以及整个皇室和八旗的大家长,自然担负起照顾载沣的重任。等到载沣成年,到了婚配的年龄,指婚也就提上日程。经过精心挑选,最终选定住在画石桥的内阁学士福懋之女。只是因为八国联军侵华,两宫西逃,整个事情被打乱。双方尚未通聘,也未见面。

载沣在庚子年闰八月回到北京,听说这位姑娘已经殉难。未曾婚配便已去世,载沣感到命运的不可测,特意在日记中写了一首哀辞:"伉俪虚名,夫妻休想。未睹卿容,遽尔永别焉。"

《辛丑条约》签订后,中外和平的目标达成,慈禧太后偕同光绪皇帝回到北京,为巩固统治启动了一系列的政治安排。慈禧太后觉得光绪皇帝空有一腔抱负,缺乏足够的耐性和驾驭群臣的能力,甲午战争和戊戌变法表明,他并非一个合格的统治者。她自身年事已高,光绪皇帝身体孱弱,活多久都是未知之数。

宗室亲贵中,恭亲王一脉卷进了义和团运动,礼亲王世铎恭顺忠诚却缺乏能力，庆亲王奕劻贪鄙，而且血缘相对较疏，加之参与庚子议和导致名誉扫地。大清朝的未来必须有人担负，从现有情形看醇贤亲王一脉最值得考察。眼下载沣尚且年轻，恭顺宽厚，能力初露锋芒。经过周密考虑，慈禧太后想通过插手载沣的婚事，与荣禄联姻，将醇亲王一系牢牢控制起来，涂上浓厚的后党色彩，避免百年之后被责难、被翻案、被否定。

载沣与荣禄两家门当户对，一个是慈禧太后最亲的近臣，一个是权倾朝野的宠臣。

荣禄原属上三旗，子侄一辈又与皇家联姻，是慈禧太后极为宠信的大臣，有足够的办事能力。早在辛酉政变，就曾坚定地站在太后和恭亲王一边，捉拿八大臣。后来因为忤旨被贬谪，很快再登高位，是满洲八旗中少有的能臣干将。奕䜣临死前，郑重向两宫推荐了荣禄，让他主持政务。荣禄晚年，受到慈禧太后的信任。眷顾之隆，一时无比，事无巨细，常待一言决之。

晚清，地方督抚的势力尾大不掉，曾、左、李为代表的汉族疆臣日益侵占中央的权力，把原本属于中央的练兵权、财政权、司法权收入囊中。满洲亲贵有感于此，害怕汉族势力威胁统治，很想把其中最重要的军权拿过来，替代驻扎各地的湘淮军。但是，满洲亲贵多是膏粱子弟，知兵者不多，更缺乏运筹帷幄之人。

荣禄知兵、善于将兵，有全局意识。无论是在中央，还是在地方，荣禄都有意识地提升满洲军队的军事实力。尤其在直隶任职期间，建立武卫军体制，牢牢地控制军权。

荣禄本人年事已高,身体也不好,政治生命延续不了多长时间。作为补偿,慈禧太后将荣禄之女瓜尔佳氏认作义女,指配载沣为婚。倘若将来载沣与瓜尔佳氏诞下一男半女,再酌情赐予一些恩宠,也算对得起这个有能力、有眼光、有忠心的"三有"老人。况且,荣禄与老醇亲王原本相识,有过深入交往,彼此理念也相合。奕𫍽对荣禄还有提携之恩,两家关系一直很紧密。

1902年1月5日,慈禧太后为载沣指婚荣禄之女瓜尔佳氏。瓜尔佳氏是荣禄娇生惯养的掌上明珠,京城人称"八妞",自小就被慈禧太后收为养女。没结婚时,可以出入宫禁,备受宠爱。这也造成其性格任性而骄纵,宁折不弯,说话直来直去,有时面对长辈也是如此。连慈禧太后也略带爱怜地说,这个闺女连自己都要让几分。

后世传闻,载沣的生母刘佳氏前往宫中陈情,称载沣早已订婚,女方为勋旧将军希元的女儿,女方已经磕过头,现在无缘无故退婚,于理不合,对希元家更是羞辱,让人家姑娘家怎么办,恳请收回成命。慈禧太后又如何肯为了一个女人的体面轻易改变决定,留下一句"天底下怎么有这么不知好歹的人",便对刘佳氏置之不理。

这完全是传闻,并不是事实。因为庚子年给载沣选定的原聘已经殉难,慈禧太后给近支王公和宠臣指婚是政治常态,并不稀奇。

传统中国没有自由恋爱,父母之命和媒妁之言就可以硬生生地把两个人捏在一起,成就一段婚姻,无论最后的结局是幸福还是悲伤。慈禧太后像《红楼梦》中的贾母，是整个满族的大家长，有权力和义务指婚。臣下如果有异议，反倒是大逆不道。载沣接受指婚，按道理讲是天经地义，根本没必要违背。

1902年9月30日，载沣与瓜尔佳氏成亲，完成了一场介于亲王和皇子之间的高规格婚礼。什刹海畔的醇亲王府张灯结彩，车如流水马如龙，热闹非凡。载沣按部就班地走完整个流程，入洞房，揭盖头，坐暖帐，行合卺礼，和这个陌生而又娇美的女子结合在一起。

瓜尔佳氏就这样走进醇亲王府，冲击着载沣如湖水一般宁静的生活。

瓜尔佳氏容貌端庄，一副长瓜脸，个子高挑，一双大眼睛格外有神，注重打扮，脸上总是涂脂抹粉。她性格火暴，说一不二，时常板着脸训斥仆人。一嫁入醇亲王家，就让仆从称自己为"老爷子"，绝对服从她的命令，与白天手捧一部线装书、晚上仰观天文星象的载沣完全不同。

平时在府上，瓜尔佳氏给长辈请安后，常与陪嫁过来的四个陪房打牌。两个是贴身仆人，一个叫方妈，一个叫卢妈，少言寡语，十分听从主人的话。另外两个地位稍低，平时在屋内做一些粗活。

晚清民国的小报上，刊载瓜尔佳氏酷爱女扮男装，梳着一根大辫子，头戴一顶瓜皮帽，将一袭旗袍换成长袍马褂，出府游玩，甚至还到了闹市和酒楼茶肆。小报总是极尽渲染之辞，但瓜尔佳氏不喜欢整天闷在王府、性格活泼确是事实。她会喝酒，喜欢抽"三炮台"香烟，乐于摆各种造型照相。这不符合满族女性的传统，也与一般臣民对亲王福晋的认知有落差。

瓜尔佳氏嫁入府中，开始吃得还算习惯。掌勺大厨去世后，其子过来接班，没有过硬的厨艺，导致王府的饭菜越来越差。载沣和几个长辈事事迁就，不过多计较。瓜尔佳氏则不然，不听载沣劝说，独立开设小厨房。几个厨师分工很细，既会做中餐，也会做西餐。

刘佳氏对此很不满，执意反对也无济于事。瓜尔佳氏做了好菜，时常送给额娘尝尝。刘佳氏觉得饭菜的确不错，见木已成舟就不再反对。按照府内规矩，吃住均有一定之规，也有银两使用的限制。瓜尔佳氏之所以有闲钱开小灶，是因为有个财大气粗的兄弟经常送钱，没用王府的钱粮。

载沣和瓜尔佳氏的成婚完全是政治结合，是没有个人意愿的指婚配婚。两个人性格迥异，完全不是一类人，倒也互相尊重。据府内仆人和后辈子女回忆，两人极少吵架，即使有矛盾也是口角几句，最后都是载沣退让。瓜尔佳氏入府没几年，生了长子溥仪、次子溥杰、长女韫龢。

成婚对皇室成员来讲非常重要，因为成婚标志着皇室成员有资格迈入政治舞台中央，有机会进入核心决策层，而非只能承担出使德国道歉这样屈辱悲催的临时任务，或者仅仅担任内廷行走、阅兵大臣这等荣誉性差事。载沣使德归来，年纪尚轻，还不能马上将出使功劳变成政治资本。一旦成了亲，便有了涉足政治决策圈的资格。

　　载沣与荣禄的女儿缔结婚姻,给自己的政治前途加分很多。荣禄不仅是慈禧太后长期宠信的重臣,也是新兴政治力量袁世凯的恩主,看在荣禄的分上,只要载沣行事得当,袁世凯不会主动为难。

　　假设载沣与瓜尔佳氏诞下男童,必定深受其母的影响。光绪皇帝没有后嗣,按照传统可能会从载沣的后裔中过继一个。男童入宫以后,慈禧太后健在,自是万事无恙。倘若慈禧太后不幸故去,宫中由侄女把持,朝堂由一众亲信执掌,醇亲王府又由瓜尔佳氏控制,只要大清一日不亡,没人可以翻天。

　　为载沣指婚瓜尔佳氏,是慈禧太后思虑再三布下的一枚棋子。通过指婚,慈禧太后将醇亲王一脉同荣禄一家子绑在一起,消除所谓"帝党"和"后党"的界限,缓和同光绪皇帝之间的矛盾,并做出深层布局。这些安排都可以引导帝国重新走上温和亲善的道路,推进因为帝后不和停滞下来的改革,尽快地弥合义和团和八国联军造成的创伤,巩固大清的统治。

## 行进中的政坛新星

　　慈禧太后时常召见近支王公,年龄渐长的载沣常常入宫伴驾,聆听教诲。俗语讲:我不求富贵,奈何富贵逼人。这句话用在载沣身上很恰当,身为世袭罔替的醇亲王,两宫最亲近的人,逃脱不掉政治命运的安排。政治像一个大漩涡，所有成年的或未成年的近支王公都躲不开。只是这种富贵是好是坏还很难讲，如何保持这种富贵更考验每个王公的性情、智慧和能力。

载沣完婚之后，政治地位迅速攀升。1903年春，他奉旨出任随扈大臣，随侍两宫左右。1907年春，载沣受命管理健锐营事务，入秋后任正红旗满洲都统，同年管理新旧营房事务。

载沣因为是天潢贵胄，行政的历练逐级快进，得以火箭般的速度上升。但是，无论是随扈大臣还是满洲都统，位高而不权重，在整个政治体制中的位置并不重要，是专为皇亲国戚准备的上升通道。

载沣还有更重要的事情，就是代行皇家祭祀。本来皇家祭祀是皇帝的权力体现，只有贵为天子才可以主持祭祀，并不是亲王所能染指的事务。为什么作为亲王的载沣能走上前台？这与晚清的政治格局、光绪皇帝的身体有直接关系。

光绪帝的身体不好同样人所共知，正值壮年还没有子嗣。清廷广招天下名医来京诊断，渊源有自，不是空穴来风。按照江苏名医杜锺骏的记载，光绪皇帝严重肾虚，经常遗尿遗精，没有子嗣是必然的。无法从事繁重的行政事务，也无法出外主持祭祀，只能处于一个半退休的休养状态。

大阿哥溥儁被废后，光绪帝没有名义上的接班人，谁来继承帝国的皇位成为未知。政坛波诡云谲，各方都在争取。近支王公通过蛛丝马迹揣度太后的心理，希望占据有利的位置。慈禧太后为了避免再起政争，搁置将来由谁即位的问题。

搁置了问题，不代表问题不存在。在家天下的时代，主持皇家祭祀是极其重要的事情，正所谓国之大事，在祀与戎。祭祀代表着对祖先的崇敬，也代表着朝廷正统的来源。身为九五之尊的天子才可以成为主祭者，其他人是陪衬。只是两代皇帝幼年即位，清朝十几年缺少成年君王主持国政，皇家的各种祭祀也被代行。

光绪帝亲政那几年，还能亲自主持，后来随着政局的变化改为由近支亲王或朝堂重臣代行。无论是从个人情感上说，还是从朝臣接受的程度上讲，载沣都是最佳人选。光绪最后的七八年，代行皇家祭祀最多的是载沣，几乎每场重大活动都能看到他的身影，只有个别时候由恭亲王溥伟代行。

载沣代行的皇家祭祀包括祭东陵、祭西陵、祭天、祈雨、祭神、祭祖等。东陵和西陵位于现在的河北省，距离京城很远，载沣每次都要花费数日。他本来就是一个规规矩矩、按部就班完成任务的人。生活如一潭宁静的湖水是他的理想，按老例办理是最佳选择。

除了代行皇家祭祀，载沣这段时间还有另外一件重要事情，是去陆军贵胄学堂上学。该学校的建立有其特殊的历史因缘。《辛丑条约》后，清朝为了挽救自己的统治，逐渐实行开放，倡导自上而下的改革，号称"清末新政"。为了培养满蒙亲贵和世袭爵位子弟的尚武精神，让他们了解世界大势，成为国家的栋梁之材和未来的主人翁，新政过程中兴办了大量的新式学堂。

陆军贵胄学堂同学合影

1905年1月28日，大清出使墨西哥大臣梁诚上奏，建议建立陆军学堂、省学堂，并让王公子弟进入陆军学堂，接受现代军事教育，从此揭开了王公子弟接受现代军事教育的序幕。兵部、练兵处就梁诚的建议做出附议，认为应仿效日本，建立专门的军事学堂，负责王公子弟的军事教育。

10月，练兵处、兵部就该问题再次上奏陈述贵胄学堂章程。慈禧太后立即以光绪皇帝名义颁布上谕，称习戎振武是强国之基，在当今军事变革的时期，尤其应该整军经武，建立贵胄学堂，培养宗室军事人才。此后，兵部、练兵处不断完善陆军贵胄学堂的各项制度，从保定陆军武备学堂拣选精英充任教员，冯国璋成为实际负责人。

为让整日架笼遛鸟的纨绔子弟重视军事教育，兵部和练兵处更是将军事教育与王公贵族的前程挂钩。如此一来，众多载字辈、溥字辈、毓字辈的亲王、郡王、贝勒、国公纷纷进入学堂，接受现代军事教育。

因为是清朝重点建设的学校，各方面的待遇都很好，同时也有严格规定。只是世袭的王公勋爵习惯了养尊处优、颐指气使和随意任性，再怎么约束，依然一副天潢贵胄的样子。幸亏有两宫的三令五申和冯国璋的严格督导，总算让这群整天遛鸟、捧角、逛窑子、欺压良民的膏粱子弟有了一点成人的样子。

陆军贵胄学堂既是军事改革的一部分，也是教育改革的一部分，自1906年开办到1912年3月停办，共完成两期，培养了330多名学员。第一期学员分王公听讲员和普通听讲员两类。载沣以世袭罔替的铁帽子王，位列王公听讲员序列第一位，是整个学员队伍中最为显赫的人物。同学中还有同样世袭罔替的恭亲王溥伟、弟弟载洵和载涛、喀喇沁旗郡王贡桑诺尔布、贝勒毓朗、辅国公溥钊等人。这些同学与载沣朝夕相处，成为铁杆亲信，在晚清政局中占据重要位置。

按照章程，学员严格遵守作息，不可随意旷课请假。载沣是随扈大臣，时常进宫面圣。加之立宪等各种政改纷至沓来，又在两宫的钦点名单上，必须参与其中，因此无法按照课表上课。但只要没有政务，载沣都会主动前往陆军贵胄学堂，聆听老师教诲。

据后人回忆，载沣上课认真，提问积极，有时还与老师探讨。所有学科中，载沣对天文、地理和算学感兴趣，对实验也很感兴趣。除了在学校学习，自己还往家里买了地图、地球仪、军舰模型，养成了观察天文星象的爱好。

此时的载沣已经有了少年老成的样子，波澜不惊，没有特别的惊喜，也没有特别的感伤。每个季度的换衣换帽总是记在日记中，循规蹈矩成为所有人对他的印象。如果身为普通人家之子，摆脱了政治的束缚与拖累，按照正常阶段上学，载沣可能会成为一个优秀的读书人，做一个大学老师或中学老师。不过人的命运无法选择，承袭了醇亲王爵，就要在晚清的政治生活中扮演重要的角色。

载沣作为奕譞的儿子，对父亲的旧班底有强大的号召力。奕譞在世时极力避嫌，不揽权不贪功，扶植了很多颇具才干的官员上位，在他们遭遇政治困境时也曾多次挺身而出，仗义执言。正所谓君子之泽必然绵长，奕譞执掌权柄时遗下的福泽自然惠及一两代后人。只要载沣踏实从政，像父亲一样低调做人做事，慢慢地积累政治经验，逐渐提高处理政事的能力，政治前途自会远大光明。

另外，光绪皇帝以改革图强、亲善士子、对西方事务开明著称，即使丧失实际决策权，仍为许多人推崇，希望他重掌权柄，拨云见日，引领大清朝走上富强。大清对光绪皇帝抱有极大好感的清流、言官和士子，乃至同情维新变法的各国在华势力，也对载沣抱有几许希冀。

中国历史上总是希望一个好皇帝、一群良善大臣的出现，认为这类人出现就会带来海晏河清、国富民强、天下太平。载沣作为光绪皇帝的亲弟弟，对改革抱有同情，对西方事物有着浓厚兴趣，让希冀圣王出世的人们心怀好感。这当然是一种历史的错觉，也是一种现实的错觉，既高估了载沣，也误解了传统政治。

## 渔翁得利

1906年8月，负责考察各国宪政的载泽、戴鸿慈、端方、尚其亨、李盛铎回国，朝中开始讨论君主立宪。慈禧太后为了皇权巩固，发布谕令称考察政治大臣所上条陈，由军机大臣、政务大臣、大学士同北洋大臣共同阅看，请旨办理。载沣被特旨加入，参与国家大政，而且是牵涉到帝国未来的宪政大事。

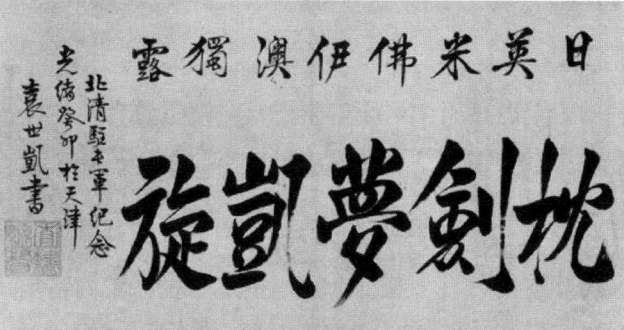

袁世凯书法

8月27日，载沣和军机大臣等就宪政问题举行会议。庆亲王奕劻、军机大臣徐世昌、邮传部尚书张百熙、外务部尚书袁世凯主张速行立宪，大学士孙家鼐、学部尚书荣庆、协办大学士瞿鸿禨等则主张暂缓立宪，两派展开激烈的辩论。

奕劻从顺从民心的角度，主张尽快宣布立宪。孙家鼐提出，过快过大的变革容易造成混乱，主张先改革政体的弊端，等政体清明后再逐步施行立宪。徐世昌认为，渐进式变革已经进行一段时间，成效微弱，原因在于国民精神没改变，只有变革才能真正地改变国民精神。孙家鼐回应道，在国民开化程度尚未合格的情形下，立宪恐怕没有益处，应该慎之又慎。

张百熙认为，国民开化程度完全在于朝廷劝导，如果要等到国民开化达到标准再行立宪，那么立宪永难实现，故而应先预备立宪，逐渐诱导民众开化。荣庆则称，当下应该整顿纲纪，制定中央驾驭外部的规则，确定上下相互维持的制度，实行若干年后，官吏都能奉公守法，再商议立宪事宜；如果不顾中外国情的差异，贪图立宪的美名，势必导致执政者丧失权力，滋生奸猾贪婪之辈，时间一长引发大祸。瞿鸿禨也认为，不应贸然推行立宪，而应先行预备立宪。

载沣本身倾向立宪，对贸然推行宪政存有疑虑，称立宪之事确实烦琐，应该按照实际的政治发展逐步实施，没有必要设定期限。各王公大臣认真讨论后，意见逐渐一致，于次日当面奏报慈禧太后和光绪皇帝，请求施行预备立宪，宪政一事至此确立。

在建立责任内阁问题上，中枢再次发生分歧，载沣旗帜鲜明地站在了奕劻、袁世凯和端方的对立面。袁世凯主张施行责任内阁，设立总理，建立上下议院，大权下放内阁。奕劻的儿子载振也称，根据考察，立宪国家只有推行责任内阁制，政治才会井然有序。

小报谣传，有些木讷的载沣辩驳不过，愤怒之余拔枪要射击袁世凯，为醇亲王府长史所夺。这当然是谣传，街边小报的新闻总是添油加醋。但不管怎么样，与会众人不欢而散，袁世凯愤然返回天津，载沣因此与奕劻父子及袁世凯结下梁子。

8月31日，在改定官制会议上，载沣因裁撤八旗与端方产生激烈冲突。有小报称，载沣大声斥责端方办事不公，几乎拳脚相加，幸好与会众人竭力劝阻，才没有酿成大祸。9月2日，端方被任命为两江总督，匆忙离京赴任。

载沣刚刚参与国家大政，就屡屡与朝中重臣产生冲突，舆论大哗。载沣只好上奏称，自己年纪尚轻，阅历尚浅，没有与朝廷重臣好好磋商。

慈禧太后原本提拔载沣参与政治改革，是为了让其抵制奕劻和袁世凯一派势力。没有想到年轻王爷没有沉稳老练的政治手腕，怕皇室权力被削弱而躁动不安，打破了臣民对他的期待。不过，载沣反对贸然立宪、推行完全责任内阁制、改革八旗事务，坚持走稳定温和的改革路线，深合慈禧太后之意。

刚刚参与政事，载沣便和奕劻父子、袁世凯等人杠上，可谓无奈至极。载沣倾向德意志道路，反对过度削弱皇权。奕劻父子和袁世凯等人出于集中权力的考虑，主张尽快推行宪政，施行完全的责任内阁制，以应对当前的艰难时局。

谁对谁错，并无一定之数。倘若以时局论之，都有一定道理，却都不是绝对真理，不过立场不同，阅历影响思想罢了。

辛丑议和中，主张剿灭义和团的奕劻和荣禄迅速上位。荣禄重入军机，出任军机大臣领班，与醇亲王一系结为姻亲，可谓风光无限。荣禄辞世后，奕劻以亲王之资任军机大臣领班，成为首屈一指的权臣。刚刚执掌权柄，袁世凯便送去银票十万两，试探其态度，谋求合作。奕劻假意推托，袁世凯执意孝敬，自然正中下怀。奕劻不仅收下银票，还将按节按月按年送来的供奉统统收入囊中。袁世凯看到其如此开通，便进一步与其长子载振结为兄弟，相互照拂。

庆、袁结为一体，一时间势力大增。奕劻主持军机处，每遇困难，总是向信赖有加的袁世凯问计。两人权势日炽，几乎把持朝政，投效其门下谋求进步的官员多如过江之鲫。

奕劻与其子载振，一个是军机大臣领班，一个是农工商部尚书。袁世凯任军机大臣兼外务部尚书，把持外交，麾下旧臣纷纷得势。梁敦彦从天津海关道迅速攀升至外务部右侍郎，凌福彭从补授天津府知府升至保定府知府，杨士骧从直隶候补道员升至山东巡抚，赵秉钧从直隶候补道员升至巡警部右侍郎。攀附袁世凯的严修、冯汝骏、吴重熹、唐绍仪等也受大用，严修成了学部侍郎，冯汝骏擢升江西巡抚，吴重熹任职河南巡抚，唐绍仪成为邮传部侍郎。得势之后亲信们纷纷引荐姻亲和同乡，杨士骧的弟弟杨士琦进入商部,徐世昌把跟随练兵的铁良引入军机处。

举目朝堂,半数都是袁党。一些督抚大员也纷纷攀附,端方、陈夔龙、陈璧、袁树勋对袁世凯恭顺有加。奕劻贪婪无止境,袁世凯强势扩张势力,不仅让慈禧太后大为警惕,更让一众清流极为不满。

1907年5月,东三省官员任命发表,徐世昌成了东三省总督,唐绍仪署理奉天巡抚,朱家宝署理吉林巡抚,段芝贵署理黑龙江巡抚。整个东三省成了庆、袁的势力范围,一时间舆论哗然。天津某报传出段芝贵为讨奕劻父子欢心,献歌伎杨翠喜给载振,送白银十万两给奕劻。

一省巡抚竟然因贿而得,叫大清朝的颜面往哪儿搁!

军机大臣瞿鸿禨与邮传部尚书岑春煊私下密谋,准备借此机会扳倒庆、袁一党。岑春煊首先出手,弹劾奕劻贪污无能。慈禧太后认为这是出于个人私怨,朝中政务又离不开奕劻主持,故而要求岑春煊登门向奕劻道歉,化解二人私人矛盾。这个处置结果不为性格耿直倔强的岑春煊接受,他并未登门,只是在朝堂相遇时敷衍一番,应付了事。

过了几天,御史赵启霖在瞿鸿禨的授意下,具折弹劾段芝贵、奕劻、载振,称载振上年前往东三省,路过天津,段芝贵充任随员,一路悉心照顾,以一万二千金于天津大观园购歌伎杨翠喜,献于载振;并从天津商会王竹林处筹措十万金,作为寿礼献给奕劻;奕劻父子投桃报李,以黑龙江巡抚相酬;像段芝贵这样没有功劳、没有才干的人，居然凭借着攀附和贿赂的本事跻身巡抚，可谓毫无廉耻；奕劻父子亲贵之至，朝廷信任托付大权，却只知道收受贿赂，全然没有公正廉洁。

慈禧太后和光绪皇帝闻之大怒。今日这等时局艰难的关头，在东三省这等重要的地方，于改设巡抚这等大事上，朝廷上下公然互相勾结、行贿公堂、欺骗两宫，是可忍孰不可忍！

奕劻惊恐之下匍匐在地，恳请严查。朝廷派出载沣、孙家鼐组成专案组，前往天津彻查。慈禧太后面授机宜，"应说实话，我自有道理"。载沣与熟悉人事纠葛的世续沟通，认为查案应该水落石出，世续则说事关重大，不宜轻下结论。

载沣听出个中意思，将皮球踢给孙家鼐，没料到孙大学士也是个世故官僚。孙家鼐明确表示，无知之人以为专案组一举一动关系政局，不能疏忽大意；当下惩治庆亲王、圈禁载振，迎合舆论并非难事。但庆亲王是慈禧太后的亲信大臣，非比寻常，与袁世凯为敌的人未必有置其死地的本事，一旦打蛇不死，恐怕难以善后。

专案组尚未调查，基调就已定下，结果可想而知。

5月17日，载沣、孙家鼐向慈禧太后递上一手炮制的调查结果。慈禧太后据此降下谕旨，称杨翠喜为王益孙所买，在家内服役，王竹林为商务局总办，与段芝贵并无往来，没有借金十万两之事；御史赵启霖不加详察，以无根据之词任意污蔑，即行革职以儆效尤。岑春煊被任命为两广总督，赶往南方上任；责令奕劻辞职，其子载振辞去御前大臣、领侍卫内大臣、农工商部尚书等一切差事。

瞿鸿禨像

慈禧太后愤怒之下要将奕劻开除出军机处,向瞿鸿禨询问替代人选。瞿鸿禨建议,按照旧例从近支宗室中选拔,举荐了载沣。谕旨还未颁布,瞿鸿禨不慎将谈话内容外泄,被英国媒体《泰晤士报》披露。

遭受岑春煊、赵启霖等人攻击,庆、袁一派自然全力反击。袁世凯收买恽毓鼎,具折弹劾瞿鸿禨。慈禧太后因私人谈话外泄,大为恼怒,将瞿鸿禨以"暗通报馆、授意言官、阴结外援"的名义罢免,派孙家鼐和铁良查办。孙家鼐、铁良二人将瞿鸿禨的过错指为择交不善、防闲不密,建议开缺回籍,保留大臣颜面。慈禧太后怒气已消,没必要因此给世人留下朝廷苛待大臣的恶名,一句"知道了"便开缺了瞿鸿禨。

政治地位的蹿升无非三种,或者亲贵,或者站队,或者能力。奕劻人品卑劣不堪,时人戏称首席军机大臣自己开了一个庆记公司,专门藏污纳垢、收受贿赂。但是从亲贵程度上讲,奕劻也是爱新觉罗子孙,虽不如道光皇帝的子孙金贵,距离倒也不远;从站队的速度上讲,奕劻每次都坚定地支持慈禧太后,毫不迟疑,毫不动摇;从行政能力上讲,奕劻久掌枢机,晚清亲王难有望其项背者,亲贵之中一时还找不到替换的人选。道光皇帝的子孙多半历练不足,行政能力粗疏,与奕劻真不在一个档次。

袁世凯站队的坚定程度毋庸置疑,行政能力更是超出同侪,知兵、将兵、善于练兵,手里掌握着战斗力最强的北洋六镇。正所谓"前四十年看合肥,近十年看项城",袁世凯俨然汉族士绅官僚的首领。手里掌握着军队,又有一批汉族官僚士绅的力捧,换谁领导大清,都会忌惮几分。

至于大学士瞿鸿禨,科举正途出身,身正辞严,一派正气,堪称清流代表。太平盛世用之还能维持局面,乱世风云很难力挽狂澜。岑春煊仕宦家庭出身,庚子年护驾有功,获得慈禧太后宠信。不过此次政争中,遭到奕劻和袁世凯的构陷,被指认与康、梁关系暧昧,遭到慈禧太后的唾弃。

政治讲究实力,名节、名誉和名望只是辅助,不占主导。慈禧太后最终抛弃了瞿鸿禨和岑春煊,保住了奕劻和袁世凯。至此,晚清中枢的斗争以瞿鸿禨、岑春煊败北而告终,奕劻和袁世凯也很受伤,一派惨败,一派惨胜,史称"丁未政潮"。

空穴来风,不是无因。奕劻的为人,慈禧太后心中有数,不过大难之后亟需稳定,方才选择重重拿起、轻轻放下。言官们把慈禧太后的心思琢磨得透彻,知道不是不处置庆亲王,而是时机和火候未到,只好等待新的时机。奕劻懂得慈禧太后的心思,知道对自己不满,惶恐之下赶紧上奏,称几个月来处置事务左支右绌,顾此失彼,假若再因循恋栈,必然影响朝政,请求开去军机大臣的要差,专心办理部务。

慈禧太后也想借机改组军机处,敲打一下庆亲王。无奈孙家鼐等人竭力阻拦,称奕劻是外交能手,对外交涉少了王爷没法办。慈禧太后纵使不满,只好无奈作罢,让奕劻继续留在军机处。

6月,慈禧太后为了牵制奕劻,命载沣在军机大臣上学习行走。载沣成为此次党争的最大受益者，显得越来越亲贵，所受恩宠越来越惊人。9月，载沣奉旨加恩在西苑门内骑马。12月，载沣著加恩赏，穿带嗉貂褂。1908年2月，载沣著加恩在西苑门内乘坐二人肩舆，补授军机大臣。

载沣成为军机大臣，代表着他步入权力核心，成为整个权力中枢的参与者。自从雍正年间创立，军机处就是权力中枢，由宠信的大臣担任军机大臣，负责军国大事。军机大臣有领班，负责整个军机处的运作，直接听从皇帝和太后的指示。辛酉事变后，军机大臣领班多由亲王担任，施行亲王领政。先是恭亲王、醇亲王，再是礼亲王、庆亲王，只有少部分时间由重臣担任。

奕劻年近七十，名声极差，不再担任军机大臣领班是迟早的事情。按照正常的逻辑，年轻的载沣作为奕劻接班人存在于政坛，终究会有一天担任军机领班或者更重要的角色。

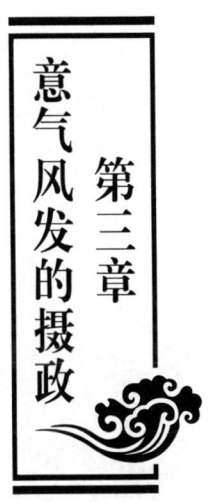

# 第三章 意气风发的摄政

## 抱着小皇帝即位

1908年11月初,慈禧太后和光绪皇帝的健康状况急剧恶化。和同治皇帝一样,光绪皇帝没有子嗣,谁将成为皇位继承人,谁将接替政治女强人慈禧太后成为大清帝国的统治者,一时间风云骤起,扑朔迷离。

11月7日,慈禧太后为了防止辛酉政变的故事重演,把奕劻调离京师,令其验收东陵陵寝工程,将段祺瑞统领的第六镇调往涞水,由铁良亲掌的第一镇接手城防。光绪皇帝弥留之际,慈禧太后召见军机大臣世续、那桐、张之洞等,商议并拟定继承人,下懿旨授载沣为摄政王,其长子溥仪进上书房读书,由宫中教养。其后几天,载沣主持朝廷日常事务。

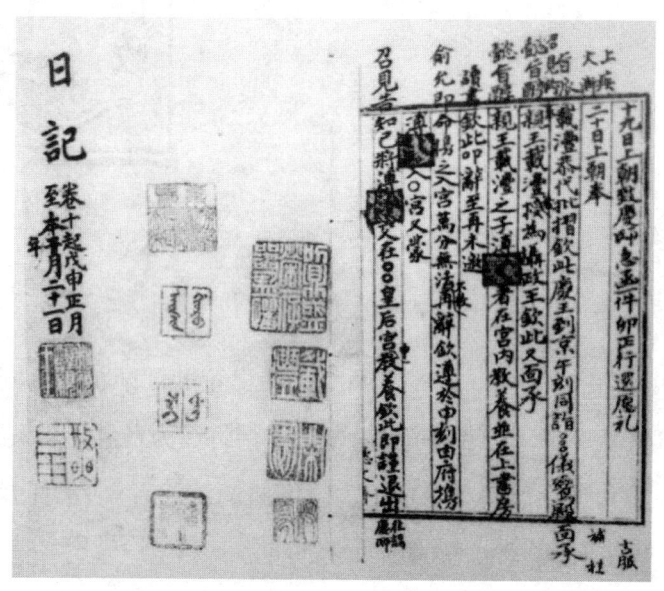

载沣日记中溥仪被立为皇位继承人的记录

11月14日，光绪皇帝驾崩，慈禧太后命溥仪入承大统，承继同治帝为嗣，兼光绪帝之祧，一肩挑起了同治、光绪两朝的统绪。随后下懿旨，载沣摄政监国，秉持太皇太后训示，施行军国政事。第二天，慈禧太后也病危，降懿旨由摄政王裁定军国政事，重大事情需隆裕太后颁布懿旨。几个小时后，慈禧太后在仪鸾殿驾鹤西去。

仓促之间，年轻的载沣接过大清帝国统治的担子。

12月2日，载沣抱着年幼的溥仪在中和殿接受内廷和执事大臣的朝贺，后又奔赴太和殿接受王公百官的朝贺，完成登基大典。群臣朝贺时，年仅三岁的小皇帝溥仪坐在冷冰冰的龙椅上，听着嘈杂的礼宾声，面对一大群陌生而又冰冷的面孔和一板一眼的礼仪，心里满是恐慌和不安，吵着闹着回去找妈妈。

载沣千头万绪纠结在心头，单膝跪在地上，扶着按着龙椅上的小皇帝，哄着说："别哭，别哭，一会儿就好了，一会儿就好了。"

为何慈禧太后选择溥仪这样一个哭哭闹闹的三岁孩童继承大清皇位？为何又要载沣这个不到三十岁的年轻亲王监国摄政，承担起统治大清万里江山的重任？这一切不得不从皇室的子嗣单薄说起。

咸丰皇帝登基时年仅二十岁，在他一生的统治中，遭遇一系列的挫折和坎坷。身为帝国主宰的他殚精竭虑，也没有找到解决内忧外患的方法，心情异常烦闷，最后纵情声色犬马。血气方刚的咸丰皇帝生育能力不能和先祖比，一生仅仅生下两个儿子、一个女儿，其中一个儿子出生当日即夭折。三十一岁辞世时，仅仅给这个庞大的帝国留下一个儿子。年仅五岁的皇子载淳即位，改元同治，年仅十八岁又去世，没有一丝血脉留下。光绪皇帝载湉，也没留下一个子嗣。

按照当时惯例，皇帝没有子嗣时，应从近支中挑选承嗣之人。皇族存在奕、载、溥、毓、恒、启等辈分，"奕"字辈带言字旁的，"载"字辈带水字旁的，"溥"字辈带单人旁的，"毓"字辈带山字旁的，作为近支中的最近支，都是道光皇帝的血裔。道光皇帝的九个儿子中，寿命超过二十岁的仅有皇长子隐志郡王奕纬，皇四子奕詝，过继给惇亲王的皇五子奕誴，皇六子恭亲王奕訢，皇七子醇亲王奕譞，皇八子钟端郡王奕詥，皇九子孚敬郡王奕譓。

皇长子奕纬因为骄横欺师，被道光皇帝一怒之下踢中下体，不久去世，并无子嗣留下。皇四子奕詝即咸丰皇帝。皇五子奕誴，人称小五爷，长子为载濂，次子为载漪，三子为载澜，四子为载瀛，五子为载津。皇六子奕訢共有四子，长子为载澂，次子为载滢，三子为载浚，四子为载潢。其中载澂于1885年去世，载浚、载潢也早早地去世。皇七子奕譞有七子三女，长子载瀚两岁而夭，次子载湉即位为光绪帝，三子出生当日夭折，四子载洸五岁而卒，五子载沣、六子载洵、七子载涛在世。1868年，皇八子奕詥因病去世，没有子嗣。1877年，皇九子奕譓去世，也没有子嗣。这样有资格承继的宗室子弟，只能从道光皇帝的皇五子奕誴系、皇六子奕訢系、皇七子奕譞系中选择。

由于同治皇帝和光绪皇帝都是载字辈，按照同治十三年和光绪十五年两份上谕，继承人应从次一辈，即溥字辈中挑选。奕誴系的溥字辈有载濂的长子溥偁、次子溥修，分别为三十三岁、十二岁。载漪的长子溥僎、次子溥儁分别为三十三岁、二十三岁，载澜的长子溥倬、次子溥信分别为二十六岁、八岁，载瀛的长子溥忻、次子溥僩分别为十五岁、七岁。奕䜣系有载澂的嗣子、载滢的长子溥伟二十八岁，载滢的次子溥儒十二岁。奕譞系有载沣的长子溥仪、次子溥杰分别为三岁、一岁，载洵的长子溥侊四岁，载涛的儿子溥佳刚出生不久。

载濂、载漪和载澜卷入 1900 年的排外风潮，被外国人指为罪魁祸首，其后人不宜作为候选人。按照每系择嫡择长的原则，符合要求的只有惇亲王系的溥忻、恭亲王系的溥伟和醇亲王系的溥仪。惇亲王系属于出继，刚刚在庚子国难中扮演了不光彩的角色，以溥忻为继承人会引来各国的责难，造成不必要的麻烦。如此一来，便只有溥伟和溥仪符合标准。

继承人与同治、光绪二帝的血缘关系，也需审慎考虑。溥伟和溥仪与同治帝血缘关系相同，溥仪与光绪皇帝的血缘关系更近，其父载沣与光绪皇帝是同胞兄弟，溥伟的父亲载滢与光绪皇帝仅是从兄弟。加上隆裕皇后才 40 岁，同溥仪有足够的年龄差距，过继后容易培养感情，故而年幼的溥仪是上选。

溥仪之所以能够被立为皇储，载沣之所以能够成为摄政王，还和朝廷内外的局势有极大的关系。随着光绪皇帝年岁渐长，两宫在官吏任免权、大政决策权的分歧逐渐扩大，直至撕破脸皮。慈禧太后屡有另立新君的想法,并一度立溥儁为大阿哥,准备由其即位,改元保庆。《辛丑条约》签订后,慈禧太后不得不做出调整。光绪皇帝人身自由有所恢复,能够适度参与国家大事的决策,但两宫的关系在群臣眼中仍然很紧张。

光绪皇帝的同胞兄弟载沣刚刚登上政治舞台,便作为致歉专使出使德国,回国后被安排与后党铁杆人物荣禄的掌上明珠结合。完婚以后,在若干职位上历练,迅速进入军机处,成为中枢决策层的重要一员。两宫弥留之际,慈禧选择与二者都有莫大关系的载沣作为帝国实际的继承者,让其长子溥仪担当下一任皇帝,无疑是弥合裂痕、避免政局动荡的有益尝试。

溥伟是奕䜣的嫡孙,政治能力突出的奕䜣一直被慈禧太后猜忌。1869年,奕䜣在诛杀安德海一事上站错队,使得猜忌日渐加深。慈禧太后逐渐从皇室宗亲中选择亲贵予以牵制,奕谟的上台和奕劻的蹿升无不与之有关。

1881年,慈安太后去世,奕䜣在朝中更加孤立,锐气尽消,遇事不再积极。因为中法战争的失利,奕䜣被慈禧太后以萎靡因循为由免去职务,他上台以来营造的一套人马——宝鋆、李鸿藻、景廉等被边缘化。甲午战争为奕䜣的重新崛起提供了机会,但是饱尝了政治斗争残酷的奕䜣无意再展宏图,直至一病不起,很快去世。

作为奕䜣嫡孙的溥伟,不可避免地受到影响。即便奕䜣去世,慈禧太后也不希望这个政治强人的后裔对帝国产生太大影响,更不

1909年日本东京印制《宣统皇帝陛下御尊影摄政醇亲王御尊影》图画

用说让溥伟继承皇位。故而奕劻力图立长,由溥伟继承皇位,以应付乱世政局,只会让慈禧更加警惕和反感。奕䜣精心营造的班子早被肃清,臣僚更不可能贸然为溥伟说项,以免惹起老佛爷的无明业火。

世人对慈禧太后选择年幼的娃娃溥仪作为帝国新君,而非立年长的近支溥伟作为继承人,颇多微词,以致滥语流言充斥坊间。有的说慈禧太后权力欲过大,七老八十了也不想放权,临死也要找个小孩子,挑个听话的乖宝宝;有的说这个老女人垂帘听政玩久了,真是不经意间上了瘾,这把岁数了还乐此不疲;有的说慈禧太后眼拙,竟然做出这样的选择,大清朝没有几年就被折腾亡国,如果当时让溥伟而非溥仪即位,结果铁定不一样。

是是非非,非非是是,充斥着多少市井想象,掩盖了多少历史真相。愤懑、讥诮、嘲笑、侮弄不过是一时的情绪,终究不是真相。似是而非的传说无论如何诱人,只能传于街头巷尾,作为茶余饭后的谈资,上不得台面算不得数。

暂时搁置载沣父子与帝后之间的渊源,不谈醇亲王一脉在血统继任方面得天独厚的优势,看一看后世贬抑无尽的载沣在当时的风评,便会知晓部分真相。

皇族近支亲贵中,像载沣这样知进退荣辱、谦虚谨慎、好学上进、人脉深厚的可谓少之又少。载沣人品端正,忠厚正直,不爱财不爱色,也不爱唱戏遛鸟,没有八旗子弟的纨绔习气。作为第一位出使外国的亲王,载沣以开明著称,难怪慈禧太后这个女强人做出如此安排！

　　遗憾的是时局的恶化、人心的浮躁，甚至仅仅是不可强求的天命，都使整个历史的车轮不可能按照政治巨人的安排稳步向前。载沣接受慈禧太后的安排，抱上自家的娃娃即位，掌管大小事务，统率上下臣工，按照预定计划推行宪政改革，极力挽救大清帝国的颓势，无疑是在和整个世界角力，和天命抗争。这个谦谨为怀、肩负厚望的亲王，殚精竭虑，勉力为之，却不得不感叹时局艰难，回天乏术。

## 驱逐袁世凯

　　两宫去世后，皇权的威严有所下降。巩固衰微中的皇权、防止权力下移的诉求很是迫切。在载沣看来，奕劻和袁世凯对摄政王权威和君主权力构成了严重威胁。众多图谋在新朝跻身高位的宗室亲贵，如善耆、载泽等视久在中枢、位高权重的庆亲王奕劻为眼中钉，莫不欲拔之而后已；视历任疆臣、权柄煊赫的汉臣袁世凯为肉中刺，莫不欲除之而后快。

　　奕劻为人贪鄙，中枢历练几十年，又被加恩为世袭罔替的庆亲王，在宗室中的威望颇高，在朝臣中的分量奇重，不是小字辈亲贵能轻易动得了的。袁世凯毕竟是个汉臣，在年轻亲贵看来不过是满人的奴仆，较之奕劻轻微得多。康、梁一党称袁世凯当年背弃光绪

袁世凯像

皇帝，致使其被囚禁瀛台，多年郁郁寡欢，英年早逝，也让袁世凯的形象极为不堪。

新朝亲贵和同情光绪皇帝的一众臣僚非常嫉恨袁世凯，把驱袁作为第一要务。一场意在清除奕劻、袁世凯，巩固监国摄政王地位，重新分配政治权力的斗争悄然展开。

率先发难的是御史赵启霖、江春霖、赵炳麟，他们频繁上奏。赵启霖因弹劾段芝贵献歌伎杨翠喜给载振，得罪奕劻和袁世凯，被慈禧太后革职，后来得到社会声援获准复职。此时的袁世凯也因为一系列政策失误，给他人造成可乘之机。

袁世凯自上任外务部尚书后，着意交好欧美，抵制日、俄两国侵占中国东北。这些巩固国家权益的举措无可厚非，只是筹划这些举措时，很少与亲贵商议，又不向朝廷请示，难免触了载沣的逆鳞。12月10日，袁世凯将中美互派大使问题提交朝廷讨论，引发激烈冲突。加上袁世凯误判美国对日外交的态度，与美、德两国达成中美德同盟的倡议破产，引发朝臣的抨击和日、俄两国驻华公使的责难，进退维谷，陷入政治困境。

1909年1月1日，袁世凯又因财政清理问题，触怒时任度支部尚书的满族亲贵载泽。袁世凯反对载泽集中财政权于度支部的主张，并联合军机大臣世续以会议政务处名义，绕过载泽向载沣建议，给予各省督抚必要的财政权。袁世凯的主张和行为不仅引发亲贵不满，也加剧了载沣的厌恶。

1月2日，御史赵炳麟、给事中陈田上奏弹劾袁世凯，称其

"机械变诈、善构骨肉"，"包藏祸心、罔知大义"，"揽权独工、冒进无等"，"久握军符、恃兵而骄"，"入议官制、气凌朝贵"，"动摇枢臣，颇有唐时藩镇朱温入朝之风"，政治攻击不留余地。

载沣从御史的奏折中找到借口，决定利用有利时机除掉袁世凯。这当然不是容易的事情，要动袁世凯，除了杀伐决断的魄力，还要有过关斩将的本领。载沣刚刚拟好除袁上谕，称其跋扈不臣，万难姑容，准备夺去袁世凯的官职头衔，将其看管起来以便处置，便不得不面对朝廷重臣和外国驻华公使的反对。

久在中枢、领衔军机首席的奕劻，老成持重的世续，位高望隆的张之洞都不赞成除掉袁世凯。世续一面劝阻载沣，一面通风报信，使袁世凯闻风逃至天津盐商何颐臣住处。张之洞声称两宫大行，必须维持安定局面，袁世凯长期统领军队，朝中党羽众多，新朝需要稳定才能应对艰难时局，不应再诛戮大臣增添是非；况且袁世凯1906年已辞去所兼各差，将第一、三、五、六镇新军交给陆军部，1907年又被明升暗降，调离北洋军，任军机大臣兼外务部尚书；袁世凯大权已去，对朝廷不构成威胁，只要不逼迫过甚，不会挑头反对。

袁世凯逃到天津后，时任英国驻华公使的朱尔典亲自出面为袁世凯说情，向其做出保证生命安全的承诺。同时袁世凯具折上奏，以"足疾"为由不再参与政务。驻扎保定的北洋将领段祺瑞，鼓动南苑兵丁闹事，准备以平定"南苑兵变"为名进京。虽然事件很快被平息，却震慑了朝廷。

面对朝廷内外的反对和北洋新军的威胁，载沣犹疑不决，不得不借袁世凯的"足疾"下台阶。最终以宣统皇帝名义颁布上谕，称袁世凯患有足疾，步履维艰难胜职任，著即开缺，回籍养疴，以示朝廷体恤大臣的至意。就这样，袁世凯安全脱险，没有被触动根本利益，只是暂时远离中枢罢了。

袁世凯的去职，很难说是除袁派和保袁派哪方的胜利，只能视为双方为时局稳定而做的妥协。除袁派达到把袁世凯从中枢排除出去的目的，保袁派也实现保住袁世凯性命的初衷，双方的较量自然进入下个环节。对载沣来说，除了加强监视在河南彰德洹上村伺机而动的袁世凯，就是逐渐剪除他在朝中的党羽，收拢分散的权力。

时任邮传部尚书的陈璧和北洋系关系密切，第一个被收拾。御史谢远涵上奏折弹劾陈璧，称其虚糜国帑，徇私纳贿。载沣大怒，召开军机大臣会议，意图先将陈璧革职，再严厉惩处，遭到几位军机大臣的劝阻，不得不同意先行查办。1月14日，载沣以宣统皇帝名义发布上谕，称有人具奏陈璧虚糜国帑，著派大学士孙家鼐、那桐秉公查办，据实具奏，不得隐晦。

陈璧知道载沣不满自己办理陵工不力、大肆卖缺卖差，加上与袁世凯关系亲近，一旦查实落下证据，后果不堪想象，于是伙同若干属员篡改往来账目以消除痕迹。孙家鼐、那桐前去检查邮传部，找不到多少证据，只得以铁路局局务人员薪水过高的理由坐实虚糜国帑。

2月6日，载沣据孙家鼐、那桐所奏，将陈璧交部议查处，两日后将其革职。陈璧去职后，唐绍仪、严修、杨士琦、蔡乃煌、冯汝骏、朱家宝等袁世凯党羽也遭受排挤。

3月24日，御史江春霖再次上奏弹劾，称最近坊间风闻唐绍仪与开缺的袁世凯密电很多，学部侍郎严修公开上奏希望朝廷收回袁世凯开缺的决定，这些都是袁党的政治动作；另外，很多政治谣言由农工商部侍郎杨士琦及苏松太道蔡乃煌编造，江西巡抚冯汝骏、安徽巡抚朱家宝也在酝酿推动起用袁世凯。

江春霖主张借京察之机，将诸多袁党罢免。当天，载沣以政绩考核中等为由，谕令民部右侍郎赵秉钧解职，并在7月9日解除唐绍仪的官职，9月1日革除黑龙江民政使倪嗣冲的官职。一时间风声鹤唳，朝廷上下的诸多袁党面对政治倾轧，惊慌不安，不知道哪天轮到自己头上，纷纷设法自保，不甘心束手待毙。

时任直隶总督的杨士骧迅速地划清界限，拒绝会见袁世凯以撇清关系，同时贿赂张翼，求他在醇亲王府上下疏通求情。为了迎合大权在握的载沣，杨士骧率先在直隶清理财政，上奏折大谈准备剔除中饱私囊的官吏，节省用度，体恤民间疾苦，很识时务。载沣将杨士骧作为典型，一面批示所奏均符合朝廷轸念民艰的本意，不愧为封疆大吏的领袖；一面在召见时大加褒奖，称他办事切实，以后应当更加勤奋，尤其加强实施宪政，继续做各省的楷模。杨士骧不久因病去世，被追赠太子少保衔。

徐世昌是袁世凯的密友和死党，更为不安，以身体抱恙为由请求开缺。载沣本想借机把徐世昌拿下，又不是很有把握。在军机大臣世续、鹿传霖的劝说下，暂时以东三省事情紧要为由，回绝了徐世昌的请求，让其继续留在东三省总督的位子上。徐世昌松了一口气的同时仍然感觉不安，再次上折请求内调，把自己放在载沣的眼皮底下，以示心中别无二主。恰好陈璧被载沣革职，邮传部尚书的位子空了出来，徐世昌因祸得福进入邮传部。载沣满意徐世昌的顺服乖巧，又加了协办大学士的头衔，更让他进入军机处，可谓是荣宠有加，大有视为心腹的架势。

打了小老虎，下一步自然而然是扳倒大老虎。这个大老虎就是一直以来被视为袁世凯后台的奕劻，然而事情却不那么顺利。

御史江春霖等人推倒一众袁党后，火力大开，将炮口对准位高权重的奕劻。江春霖向载沣上密折，称袁世凯虽去，奕劻仍然留在中央，为祸还很大。御史赵炳麟也不甘人后，上奏折称袁世凯虽然被罢免，但是他的党众内有奕劻作为照应，外有直隶总督杨士骧接济财源，万一朝廷偶有疏虞，将被他们乘机要挟。

赵炳麟主张，将杨士骧从直隶总督上调离，断绝袁党的经济来源；宣布光绪皇帝诛杀袁世凯的手诏，明正其罪行；罢黜袁世凯以靖内奸；任命张之洞为独相，以排除压制汉人的嫌疑，起用岑春煊掌管禁卫军；同时任用康、梁为皇帝老师及摄政王顾问，实行立宪，收拢天下人心。载沣对赵炳麟的建议有所顾虑，未加采纳。张之洞明确反对罢免奕劻，认为奕劻为人持重，应该加以信任，以安抚宗室。载沣百般无奈，只能作罢，另待时机。

至此，一场以御史弹劾袁世凯开始，意在清除"庆、袁"势力的政治斗争，终以袁世凯养疴离职，党羽暂时离散，奕劻不动如山告结。为什么奕劻能在数次政争中岿然不动，而载沣意图排除的图谋只能草草收尾？其实看一看当时的时局就明白了。

奕劻作为宗室亲王，久在中枢，位高权重，在一定程度上被视为宗室的象征，一旦对其采取措施，难免宗室震动、权臣不安。加之奕劻参与颇多外交事务，外国人对其相当有好感。而且其行政能力在宗室中无人望其项背。即使是慈禧太后晚年有惩戒他的想法，也因为顾忌太多而放弃。在新朝没有谋得要职的亲贵，不时进言隆裕太后，仿效同治、光绪两朝旧事，重新垂帘听政，抗衡乃至剥夺摄政王的权柄。载沣不得不两害相较取其轻，继续任用奕劻，以抵制其他跃跃欲试的亲贵和虎视眈眈的隆裕太后。

袁世凯在官场经营甚久，更亲手编练了军力最强的北洋六镇，党羽遍及军政商学各界，英国驻华公使朱尔典对其欣赏有加。袁世凯与张之洞被视为汉臣领袖，杀袁世凯就有对汉臣赶尽杀绝的嫌疑，汉族士绅官僚容易离心离德，这就使宽厚有余、魄力不足的载沣投鼠忌器。

内有奕劻的阻挠，外有北洋六镇近在卧榻之侧的威胁、英美公使的警告，载沣纵有想法也只能徒唤奈何，坐视袁世凯优哉游哉。这种无奈不可避免地为今后巩固皇权、掌控军队、推行立宪政治、消弭不安定因素，埋下诸多隐患。

## 亲贵当道

一朝天子一朝臣，年轻的摄政王登上历史舞台，自然要打造一套自己的执政班子。载沣的执政班子中，最为亲信和重用的莫过于胞弟载洵、载涛。

三兄弟一母所生。载洵于1889年晋位辅国公，1890年晋位镇国公，1902年封为贝勒，常被称为"洵贝勒"；载涛于1890年封为二等镇国将军，后晋升为辅国公，1902年袭封贝勒，常被称为"涛贝勒"。与同时期只会遛鸟、唱戏的皇室子弟相比，载洵、载涛勉强算得上是人才。

载沣当上监国摄政王，对兄弟二人照顾有加。载洵和载涛两人有几斤几两，能否胜任差事，载沣心里一清二楚，可大权刚刚抓在手中，亟须巩固。一时间没有信得过的干才，难免任人唯亲。先委任载涛稽察守卫宫禁的要职，后又任命其为训练禁卫军大臣。载洵也被派去负责承修崇陵，兄弟二人成为亲贵中最为显赫的"太子党"。

但两兄弟多少有些过分，拼命抓权力的架势实在不雅。王公重臣中的肃亲王善耆、镇国公载泽、兵部尚书铁良原本负责筹建海军，善耆更是发起人，为海军的重建奔波数月，辛苦不已，没想到刚有头绪，就被踢出局。载洵以老醇亲王曾经管理海军，自己也要管海军为由，向载沣要到了这个肥差。这种人事安排不能令百官臣僚心服，也让善耆生气。至于和载洵一起负责的提督萨镇冰，也受了不少的窝囊气。

郡王銜貝勒載濤

載濤像

载洵才能平庸，操守较奕劻犹有不及，令满汉群臣不满。载洵被打发出去考察，从西伯利亚归国路经长春，竟然向东三省总督锡良索贿十万两，遭到断然拒绝。后来在奉天巡抚程德全的调解下，载洵才遂了一点心愿，于是认为程德全是个人物。程德全奉天巡抚去职后，在载洵的运作下转任江苏巡抚，捞了个肥缺。更有甚者，载洵竟然向盛宣怀致函，请求借钱若干，修建十余万两的西式小楼一座，名为借贷，实为索贿。

看来，醇亲王府的载洵不论自个儿有几两墨水，敛财的本事真是不简单，荐才的水准和依据，委实让人崩溃。

至于载涛，风评较载洵好一些，出洋考察时禁止随从接受馈赠，校阅陆军时予以优渥赏赐，对待士卒礼貌有加，甚至因为守门人接受江北提督雷震春的千金贿赂，将其辞退。实际上，这些行为很大程度是门面功夫，他一样既爱财又爱马，屡屡为钱替人说项，同载洵不过"五十步与一百步"的差别。

载沣重用两位亲弟弟的行为遭到了御史的大力抨击。江春霖上奏折称，最近朝野风闻两位王弟的事情颇多，对监国摄政王的权威损害很大；两位王爷是皇帝的亲叔叔，有着非同一般的尊贵，需要自珍自爱自重；现在很多人攀附两位王爷以求政治速进，对国家社稷不利；家国一体，国家有难，王室之家不能幸免；请监国摄政王严格约束两位至亲，有错敦促改之，无则加勉。这份上奏可谓苦口婆心，可是三兄弟难以听进这些忠言。

载洵、载涛之外，载沣最信任的亲贵是载泽。载泽是康熙皇帝第十五子愉恪郡王允祸的五世孙，因嘉庆皇帝第五子惠亲王绵愉的第四子奕询没有后嗣，于1877年4月过继为嗣子，袭封奉恩辅国公，1894年晋封镇国公。载泽出身远支宗室，自幼聪颖，得到奕谟钟爱，被破格恩准在上书房陪光绪皇帝读书，常居醇亲王府，与载泽、载涛和载洵有着亲兄弟一样的感情。

五大臣出洋考察中，镇国公载泽、山东布政使尚其亨、顺天府尹李盛铎三人自京师出发至上海，经日本过美国赴欧洲，重点考察日本、英国、法国和比利时等国的宪政。1906年，载泽等人回国以后上《奏请宣布立宪密折》，极力推崇日本宪政，效仿日德施行君主立宪。

1907年，载泽受命出任度支部尚书，1908年加贝子衔，1909年出任筹办海军事务大臣，1910年出任纂拟宪法大臣，1911年出任皇族内阁度支部大臣，堪称大清帝国的财神爷。因为妻子是隆裕太后的妹妹，载泽有隆裕太后遥为呼应，一时间权柄赫赫，惹人注目。

载沣主持政事，屡屡惹隆裕太后不满，载泽每每从中调停。载泽对奕劻和袁世凯极为反感，直言大清早晚被"老庆"败光，劝说载沣将两人排除中枢，杀掉袁世凯以绝后患。

另一个受重用的是皇室亲贵毓朗，生于1864年，是乾隆帝长子定安亲王永璜的后裔，定慎郡王溥煦之子，从辈分上讲算载沣的孙子辈。毓朗很受慈禧太后和光绪皇帝的宠信，1886年受封三等镇国将军，1902年8月得授鸿胪寺少卿，1905年5月得授内阁学士兼礼部侍郎衔，10月得授巡警部左侍郎，1908年1月袭封贝勒。

毓朗不仅与载沣是同学，还是宗室中第一个出洋留学的亲贵。1908年12月，担任稽察守卫禁宫大臣，负责紫禁城的安全，接着又被任命为专司训练禁卫军大臣，负责训练一支完全忠于皇族的军队。1909年1月，补授步军统领，权力和地位进一步提升。1909年4月，出任贵胄法政学堂总理，负责亲贵子弟的教育，为皇室培养自己的法政人才。6月，受命担任管理军咨处事务大臣，组建参谋本部。1910年8月，进入军机处，担任军机大臣。

毓朗对载沣亦步亦趋，紧紧跟随。载洵和载涛屡屡畅言维新，实际上很多事务依赖毓朗主持。这位政坛明星表面上不显山不露水，一贯谨谨慎慎，但城府极深，背靠载沣三兄弟的大山，混得委实不赖。

溥伦是隐志郡王奕纬的嗣孙、贝子载治的第四子，在宣统朝也混得风生水起。溥伦生于1874年，1881年袭封贝子，1894年加贝勒衔，1904年率领大清代表团赴美国圣路易斯参加世界博览会，主持一切与会事务。世博会上，溥伦以个人的国内居所为原型建成中国村，向西方民众展示东方建筑艺术，推销传统优势产品瓷器、茶叶、丝绸、地毯等。借着世博会的东风，溥伦将中国传统文化、手工艺品和现代商品推向世界，不仅使中国产品获得了一百多个奖项，更大大推进了与西方国家的商贸关系。

赴美期间，溥伦前往华盛顿、纽约、芝加哥等地游历，一方面考察美国宪政，一方面加强与华侨的联系，向外界传达大清的友好外交政策，以及发奋自强努力改变积弱局面的决心。回国以后，溥伦向两宫介绍圣路易斯世博会的详细情形，上陈参观考察美国的感受，推动了朝廷积极实施宪政，为五大臣出洋考察各国宪政奠定了基础。1907年筹备资政院时，溥伦受命与孙家鼐共同担任资政院总裁。宣统皇帝继位，载沣对溥伦大为推重。1911年，奕劻受命组阁，溥伦出任农工商大臣。

除载洵、载涛、毓朗、溥伦等人，宗室的一些成员也是载沣不得不任用、不得不接受的，如奕劻。载沣明知奕劻贪婪腐败，卖官鬻爵，勾结袁世凯，却不得不接受他在中枢的存在和统合全局的能力，甚至还要用来牵制皇宫中的隆裕太后，避免后宫对前朝的干涉。组织大清帝国第一届内阁时，载沣请奕劻担任内阁总理。

奕劻之外，隆裕太后、载沣的生母刘佳氏、嫡福晋瓜尔佳氏也时而影响载沣的政治决定。隆裕太后是慈禧太后的内侄女，都统桂祥的女儿，也是慈禧太后为光绪皇帝安排的皇后。两宫在世时，隆裕本人的地位全靠慈禧太后维持。两宫去世，侄子溥仪被过继过来，隆裕太后成为嫡母，拥有国家要事的参与权和最终的决策权。

隆裕太后没有慈禧太后驾驭时局的能力，对大臣的影响力稀松平常，但不意味着这位叶赫那拉氏没有任何政治野心。直隶总督端方遭到御史李国杰弹劾，载沣本想重拿轻放，但是在一帮子唯恐天下不乱的亲贵怂恿下，隆裕太后出面要求罢免端方。朝中不乏随风倒的墙头草，也随声附和，载沣再无奈也只能听从。尝到甜头的隆裕太后心热起来，不久再次出手。

1910年，载沣任命毓朗、徐世昌为军机大臣。隆裕太后得知后，要求将两人撤掉。一份刚刚发布的重要人事任命没过几天便要取消，未免太儿戏。碍于朝廷的颜面，载沣婉言告知隆裕太后不能这么干，如果硬要撤换两人，也需过段时间再说，别让内外看笑话。

隆裕太后看到载沣言语温和，以为事情会像上次那样以自己的胜利告终，于是坚持己见。泥人也有三分脾气，何况堂堂监国摄政王，载沣拿出慈禧太后的懿旨，明白地告诉隆裕太后政治不可以这么搞，像人事任命这种具体的行政事务，今后还是不要插手，免得大家难堪。隆裕太后兴致勃勃，吃了个软钉子，虽然颇多抵触，但也知道自己做得有些过分，便收敛了许多。

载沣的生母刘佳氏原本性格和善，由于慈禧太后一再的粗暴对待，变得精神脆弱，甚至一度失常。对这样一位母亲，载沣处处小心侍奉，尽量不使其生气。这点被夤缘之徒知晓，千方百计疏通刘佳氏谋取个人前程。报纸上风闻盛宣怀谋求擢升尚书一职，便是买通了醇亲王府管家向太福晋刘佳氏疏通。载沣对此不可能不知情，但人至察则无徒，水至清则无鱼，何况走的还是自家老母的路子，只能装作不知道。

至于载沣的嫡福晋、荣禄的女儿瓜尔佳氏，曾被慈禧太后收为义女，生性要强，更是小皇帝溥仪的生母，虽然不能像慈禧太后那样母以子贵，一步登天，但不妨碍她利用儿子和丈夫的地位，谋求私利。

满洲亲贵群体（左起为荫昌、载振、载洵、铁良、载涛、载润等）

## 第三章 意气风发的摄政

瓜尔佳氏对载沣全无半点温柔恭顺，多次强硬地干预政治。坊间风闻载沣的嫡福晋交通内外，卖官鬻爵，大有与奕劻一较高下的态势。无怪乎盛宣怀在私人信笺中，称摄政王貌似精明，实际上大权操持在两个弟弟手中，嫡福晋瓜尔佳氏是权力的总机关。

载沣担任监国摄政王，以皇帝生父的尊贵身份执掌权柄，在执政用人上根据个人对王公群僚的认知进行人事安排，任人唯亲而不是任人唯贤。加上慈禧太后和光绪皇帝相继辞世，皇室一时间少了镇得住群臣的权威人物，一下子涌出了许多派系，每个派系都见缝插针，拼命扩张权力，弄得堂堂的大清朝堂乌烟瘴气。

汉族官僚目睹大量的满族亲贵占据要职，一个个有分量的汉官被排挤，心中自是多了不满和不安，对宣统朝政日渐失望。八旗中那些有才干，靠历练一步步上来的官僚，如端方等人，眼看着一帮子亲贵凭借着血统、出身和裙带关系抢夺劳动果实，占据核心岗位，心里也是充满怨气。

科举制度废除后，士绅阶层陷入悲观绝望的境地，对朝廷充满怨愤。西学培育的人才少之又少，难以迅速就位施展才学。既然现有的体制不能提供出路，那么打破体制寻找出路便成了怨愤群体的不二选择。

载沣虽有巩固皇室权力的心，却无做天下一人的意，更没有为一帮子亲贵顶戴花翎牺牲国家前程的打算。但时局弄人，控制乏力，宣统朝还是呈现满进汉退、亲贵用事的局面，载沣难以卸责。大清换个善良温厚、开明进步的领导人，便能重整旗鼓，振衰起敝，不过是痴人迷梦。

## 重整陆军

现实政治中，军队是政治的保障，军权是政权的基石。统一军事权力，加强军事力量是保障统治权的关键，"枪杆子里面出政权"是颠扑不破的真理。两度崛起于白山黑水间的女真族，对军权的认识极为深刻。作为延续着女真血脉的监国摄政王对此毫不怀疑。

尚未触摸到最高权力，载沣便在老辣的慈禧太后安排下进行了一系列军事历练，担任阅兵大臣，考察德国军事，管理与京师安全有莫大关系的健锐营事务，跻身军机处参与军国大计。这些历练不仅在政治履历上添了重重的一笔，也培养了他对军事问题的敏感。

创建一支强有力的军事力量，必须培养相应的军事人才；培养军事人才，最好的方式莫过于建立新式军事院校。载沣从德国回来后，极力向慈禧太后建议创办军事院校以培养军事人才，特别是培养皇族军事人才。立意将分散的军事权力收归中央，并以德国为榜样，建立一支制度规范、规模庞大、装备精良、训练有素、纪律严明的军事力量。

溥仪登基后，载沣意识到必须进一步加强对军队的控制，以保证政权的稳定。为了把统治权牢牢地掌握在手中，必须完成对畿辅军队的完全控制。自从洪秀全太平天国起义，军事力量便在若干督抚大臣手中流转，京师的拱卫长期由直隶总督负责。

甲午中日战争的惨败，使仅仅使用西式武器、过多承袭旧式战术思想的湘淮军黯然退出历史舞台。清末新政中，全面西化的新军迅速编练，权力仍然掌握在督抚大臣，尤其是汉族权臣手中。久握权柄的慈禧太后，这个拥有高超政治手腕的女强人，还未来得及为接班人清除所有的隐患便溘然长逝，给载沣留下一个大大的难题。尤其是由袁世凯一手编练的北洋六镇驻在畿辅，此情此景岂是一个卧榻之侧、岂由他人酣眠所能形容！

1908年4月，赵炳麟上奏折就畿辅安全问题陈述意见，说到了还是军机大臣的载沣心坎里。赵炳麟称，光绪二十七年以后，端午门内外多驻练兵，今年驻此营，明年易彼营，制度未定，挑选无常，由封疆大臣统领不是谨慎固本的方法；建议仿照日本近卫师团，建立禁卫军，挑选近支王公担任都督，君主直辖，厘定编制，采纳西法编练，打造一支信得过的精锐部队。

12月，两宫去世，赵炳麟等人就此事再上奏折。载沣此时对宫廷禁卫颇多不满，随即让陆军部、政务处讨论。陆军部认为，设立禁卫军与现有体制不合，不能因此动摇体制。奕劻更是声称，此事关系到体制，根本无讨论的价值。民政部唱反调，称既然牵涉到军国政事，摄政王就有权代表皇帝统率全国海陆军，就有权建立禁卫军。这么做符合君主立宪的政体，当然要大大地支持。

载沣以此为由，下令设立禁卫军，由自己统辖，任命亲贵载涛、毓朗和陆军部尚书铁良为禁卫军大臣，从八旗挑选精壮成军，配备先进军械，予以严格训练，将京师的安全牢牢控制在手中。

大清国的军事问题，并非简单建立禁卫军可以了事的。对载沣来说，拱卫京师的军队要控制在自己的手中，整个大清军权也要集中于中央，由可靠的机构和信得过的人掌握。

1908年10月10日，暂时署理江北提督的徐绍桢上奏折，请求设立陆海军大元帅和军咨府，称实行君主立宪的东西方各国，均将军政事务与统帅权分离，由陆军大臣掌理军政，由君主掌握陆海军统帅权，以参谋本部切实负责；按照宪法条文，士兵的征集、军费的筹募按照法律和预算办理，作战规划和国防计划等单独处理；实行宪政后，现在的陆军部大臣将成为国务大臣，对国会负责，如此一来不仅军事问题受制国会，而且权责不明，容易引发混乱，造成冲突；故而将与参谋本部权责相类似的军咨处从陆军部分离出来，比照日本的明治维新，由皇帝亲任大元帅，振奋国民精神。

徐绍桢的奏折在10月21日被慈禧太后交到会议政务处讨论。1909年1月20日，政务处回复称军权必须统于朝廷大权之下，陆军部奏定军咨处章程应该归陆军部办理，所以暂时命名为军咨处，并声明为设立军咨府做准备，规模大备后是否改为军咨府，由陆军部奏明办理。载沣对此乐见其成。

1909年4月7日，陆军部拟定了陆军改革发展的八年规划，计划在第二年制定官职，第三年进行筹备，第四年正式建立军咨府。载沣当即做出回复，认可陆军部的计划。

但是言犹未远，仅仅三个月后，载沣便在良弼等人建议下，以宣统皇帝名义发布上谕，代理海陆军大元帅，设立军咨府。担任陆军部管部大臣的奕劻对此非常不满，上奏折请求去职，载沣乐得顺水推舟，著准开去奕劻管理陆军部的职务，不再设立陆军部管部大臣，意图将军事权力收归军咨府。

载沣依靠军咨府集中军权的行为，引起陆军部尚书铁良的不满。铁良在军咨府设立之初就不赞成，碍于既成事实，要求明确陆军部、军咨府之间的权限。担任军咨大臣的载涛、毓朗虽认同铁良的建议，却要求等筹办海军大臣载洵、萨镇冰回京以后商议。趁着这个当口，军咨府大肆侵夺权力，除收拢作战规划权外，还插手军政，意图将军事文件通报、军官任免、军队调遣、军费军械核查等各项权力纳入囊中。对于全国陆军的编练和海军章程的制定，载涛、毓朗也虎视眈眈，力图由军咨处掌控。

载沣对学自东洋的铁良不甚满意，对铁良主持的陆军改良大会更是嗤之以鼻，认为不过是表面文章，于战力加强毫无裨益。加上铁良性情直率，载沣产生了用师法德国的荫昌执掌陆军部的念头。

铁良非常生气，以"口患齿痛牵及头部"为由请假，后又一再续假，并上奏请求另派他人担任陆军部尚书。载沣自是乐得应承，无奈有的军机大臣认为，铁良上任以来不无功劳，应该留足面子。一个月后，载沣准了铁良去职的请求，任命荫昌担任陆军部尚书。

原来归陆军部直辖的北洋四镇和归直隶总督掌管的两镇，不可避免地落入载沣之手。为了加强对现有陆军力量的控制，载沣还采取措施消除铁良等人对北洋六镇的影响。铁良去职之后非常不满，

晚清新军画像

与荣庆结党，有意请隆裕太后采前朝故事，重新垂帘听政，彻底惹恼了载沣。载沣颁布谕旨，著铁良补授江宁将军，将铁良赶到南京。

对铁良的党羽凤山，载沣也不放过，意图赶得远远的。先是以大肆收购金石书籍当借口，把凤山拿掉。受阻后，借着荆州将军联芳因病离职的当口，将凤山赶到荆州。凤山临走时，愤慨地讲这是把他往革命党人的虎口里送。趁着赶走铁良和凤山的机会，载沣任命荫昌为训练近畿各镇大臣，接受载涛、毓朗的建议，裁撤近畿各省的新军督练公所，将北洋六镇全收归陆军部，由其直辖。

北洋六镇在手，载沣有了编练全国新军的胆气。然而，政府的财政收入相当大一部分用来支付到期的赔款以及因赔款而产生的借款。增开新的税源，或者提高主要税项特别是关税的税率水平，确实能够提高财政收入。但是，这种各国通行的解决财政困难的方法，在大清不可能实行。特别是后者，将会遭到列强的强烈反对。

载沣担任摄政王后，虽有心却无力，加上筹办海军耗费精力，致使陆军编练进展缓慢。到1910年6月，本应编练成型二十一镇，除了原有的七镇，仅仅编练成型四镇，即江苏的第九镇、福建的第十镇、云南的第十九镇、奉天的第二十镇。

面对这样的局面，清政府内部就编练新式陆军三十六镇产生分歧。部分中央大员和地方督抚对按计划完成军队编练不抱希望，纷纷请求暂缓或减少。

东三省总督赵尔巽上奏称，国力单薄，不必限定镇数，应努力扩充军费来源，增加军费数额，等财力充盈再增添军镇。四川总督赵尔丰上奏称，编练新军需要的军费几乎占到了全省支出的三分之一，无论如何不可能按照既定计划完成编练。河南巡抚宝棻上奏称，河南陆军仅有一协，编练一镇需要军饷一百八十万两，本省财力根本满足不了，建议缓编。湖南巡抚杨文鼎上奏称，编练新军成镇需要的费用太大，请求保留旧式水陆防营，暂缓新军编练。直隶总督陈夔龙则在奏折中称，人才匮乏，新军将领要么任用私人，要么由留洋学生出任，参差不齐，隐患很大，建议就现有的军事人才编练军镇并勤加训练，避免冗兵滋生祸端。

载沣查看奏折后，交由陆军部、军咨府讨论。两部门讨论后上奏，载沣下谕旨称，在当前形势下，如果不编练足数新式陆军，则无以图存，要求各省不许观望，应当克服困难，推动军事进步以加强国力；对人才匮乏和隐患颇多的问题，回应称应切实加强教育，选才任能以避免滋生祸患；对最为严重、也最为关键的军费不足问题，载沣要求将按照光绪三十四年，即1908年的数额作为标准，专款专用，禁止挪占，整顿旧式军队，以便新军编练。陆军部随后拟订计划，做出裁撤绿营、归并防营、腾出军饷编练新军的决定。

载沣监国摄政以来，着力集中军权，完善军事制度，加强军事力量，确保执政权力的稳固，取得了不小的成就，但也产生不少问题。设立专门培养王公贵族军事人才的学堂，勒令一部分亲贵子弟入学接受军事教育，因为制度的不完善、重视力度的不足、师资力量的匮乏和开办时间的短暂，未能真正起到振衰起敝的作用。本想专门建立禁卫军以捍卫京师安全,由于所托非人,军队不能切实得到训练,没有形成可观的战斗力。设立军咨府,排挤奕劻、铁良收拢军权,造成了亲贵内部的矛盾与分裂。编练三十六镇新式陆军的宏伟计划,也因为军费来源有限、增加数额困难、人才匮乏等困难,导致成效有限,无法达到预期目标。

## 重建海军

对一个有着漫长海岸线的帝国来说,建设并保持一支强大的海上军事力量,成了至关重要的事情。煊赫一时的北洋舰队在甲午海战中灰飞烟灭,大清的海军梦受到重创。

晚清以来,脆弱的财政不仅要赔付巨额的战争赔款,还要应对日益增加的各项开支。耗费长时间和巨额银钱才能打造出来的海军,在帝国执政者眼中成了昂贵而又奢侈的大玩具。

于是便出现了一个非常奇葩的景象,中国沿海港口,停泊着为数众多的军舰。这些军舰随意地进出,但其悬挂的旗帜,表明它们都不属于大清。

奉行真理只在炮舰射程之内的东西各大强国,一次次掠夺中国海洋资源,羞辱中国海上船只,炮击中国海岸炮台,攻灭中国海岸防御力量,甚至公然在中国沿海要地修建海军要塞。这让大清清楚地意识到,没有一支强大的海上力量,再富饶的大国也不过是容貌姣好、衣衫单薄的丽人，任由醉汉地痞肆无忌惮地欺凌。载沣对这个道理再明白不过，执掌权柄后便将重建帝国海军视作最为紧要的事情处理。

1909年，肃亲王善耆上奏称，近年东西各国如日本、美国、巴西、英国、法国、意大利、德国等，每年都增添舰队，航驶大清海面的外国军舰越来越多，更有所谓常驻舰队常年停靠在沿海军港；新建陆军即使与东西各国并驾齐驱，也很难维护国防；自奉直以达闽广，海岸线延亘万余里，如果没有海军控御，各省策应就会不灵，饷械的转输也会不便；不但海上财产尽在敌人炮火之下，就连陆上的设防自守也有顾此失彼之虞；建议由专人负责，筹措海军军费，募集人才，制造船舰，改良船厂船坞。

善耆的奏折受到高度重视，载沣就复兴海军事宜同军机大臣和陆军部尚书铁良商议，拟定了重建海军的宏伟规划。在规划中，大清帝国将在宣统五年成立第一舰队，在宣统八年成立第二舰队。2月20日，载沣以宣统皇帝名义颁发上谕，指派肃亲王善耆、镇国公载泽、陆军部尚书铁良、海军提督萨镇冰承担规划海军的重任，奕劻随时稽查。

在载沣看来，中国如果不能振兴海军，就难以与各国抗衡，所以应尽快办理，两年内建立基础，五年内卓有成效。几个月后，善耆提出了筹办海军的基本规划和具体办法。第一，统一海军教育，改三所海军学堂为专门学校：烟台学堂专门培养舰只驾驶人才，黄埔学堂专门培养轮机人才，福州学堂专门培养工艺人才，京师设立

行进中的大清海军士兵

海军大学，培养中高级将领；第二，整编现有舰只，作为海军舰队的基础；第三，整顿大沽、上海、福建、黄埔的修船厂坞，整顿各地海岸炮台。

载沣以宣统皇帝的名义颁布上谕，任命贝勒载洵、提督萨镇冰为筹办海军大臣，批准二人成立筹办海军事务处的请求，大大加快了重建海军的步伐。

8月4日，载洵、萨镇冰会同陆军部上奏，在善耆奏折基础上拟定了重建海军的具体规划和主要事项。第一项，拟定预算经费，开办经费一千八百万两，常年经费二百万两；第二项，编练舰队，以现有舰只和添购舰只编成巡洋舰队、练习舰队和长江舰队，出海训练，保护华侨，稽查沿海口岸，巡视长江上下游，任命各舰队统领、统制官，聘请英国海军能员为顾问和教练；第三项，开辟象山港为军港，作为海军基地；第四项，筹办海军学堂，整顿烟台、福建、江南、广东等处水师学堂，师法英国成立海军专业学校和海军大学，聘请外籍教员任教，仿照陆军按省定额挑选海军学员；第五，改良大沽、上海、福州、黄埔等地厂坞，以便舰只停泊和修理；第六，整顿沿海沿江炮台，协助海军舰只，巩固国防。

8月15日，载洵、萨镇冰准备赴浙江象山参加开港典礼，巡阅各省军舰、学堂、船坞和军械局。临行前，载沣与二人会谈，提出设立军港、推进军械局建设最为紧要，海军学堂宜设在南洋和北洋，海军人才匮乏，应留心访查量才奏用，留下原来学堂的青年学生，挑选进入整顿后的海军学堂速成班学习。

8月26日，载洵和萨镇冰等搭乘"海圻号"巡洋舰南下，会同闽浙总督松寿、浙江巡抚增韫前往象山参加开港典礼，又巡查汉阳兵工厂、汉阳铁厂，再沿京汉路北上。整个行程历经直、浙、闽、苏、鲁、粤、皖、赣、鄂、豫十省，考察烟台、南京、黄埔、福州四所水师学堂以及江南制造局、福建船政局、虎门炮台、江阴炮台、镇江炮台等。经过此番巡视和考察，二人对中国海军基础有了清晰的认识，回京后，启程赴欧洲考察各国海军。

载沣对二人的欧洲考察极为重视，发电谕称购买海军舰只是重建海军的基础，关系重大，要求二人认真考察，慎重确定最实用的舰种和军械，注意购舰开支。二人心领神会，经过长达四个月的考察，在意大利、奥匈帝国、德国和英国共订购炮舰一艘，驱逐舰一艘，鱼雷艇三艘，浅水炮艇两艘，巡洋舰两艘。1910年，二人再次出国考察，在美、日两国订购巡洋舰一艘，炮舰两艘。共计12艘舰只的大手笔购舰，显示了大清艰难时局中重建帝国海军的决心和魄力。11月27日，二人上奏折，建议以巡洋舰队为基础，增添若干舰只成立第一舰队，建立海军部，厘定海军官制，得到了载沣的批准。

12月5日，载沣批准二人会同宪政编查馆拟定的《海军部暂行官制大纲》，成立海军部，任命载洵为海军大臣，谭学衡为海军副大臣，为海军建设打开了新局面。在载洵的主张下，海军部提出了宏大的发展计划，计划七年之内在全国开辟四大军港，添购一等战舰八艘，巡洋舰二十余艘，炮舰二十艘，水雷艇若干艘，形成高达二十五万吨的舰队规模，预计使用经费总计一亿五千八百余万两。

如此庞大的海军经费，仅仅依靠各省节省腾挪，自然难以凑齐。海军重建得到载沣的全力支持，却不得不面对阻碍晚清各项改革事业的共同难题——经费。一文钱难倒英雄汉，何况海军这个吞金兽！仅宣统元年的开办经费和常年经费，便高达两千万两白银，让从中枢到地方的官员不堪重负！

铁良力主整顿盐务，扣出巨额的海军军费。载泽要从害人的鸦片入手，设立专司，统一管理本土鸦片的产销，以筹措资金。身膺军国重任的载沣起初将问题想得更简单，居然要让帝国上下各衙门省吃俭用，省出千万两白银。载洵和萨镇冰试图增添新税种，以人丁捐的名义筹措经费，却被载沣告知难以实施，只得作罢。

载沣谕令政务处举行会议，商讨解决海军军费的办法，最后决定由各省一起想办法，按省分摊逐年凑集。各省督抚对此很是头疼，但涉及重建海军这头等军国大事仍不敢怠慢，只能咬牙顶上。

直隶总督作为督抚之首，江苏、广东作为南方富省，各出一百二十万作为开办经费，二十万作为常年经费。其余省份也纷纷表态。即使是奉天、吉林、黑龙江等新建各省，诸般不易，也要从各项经费中设法节省凑集，一共出十万作为常年经费。各省的方法无一不是辗转腾挪，尽力节俭勉力为之，于现有税厘下增添一二。

各省认筹的数额与重建所需仍然存在巨大的缺口，载沣、掌管全国财政的度支部以及各地方督抚在此问题上，奏折上谕频频往还，仍是巧妇难为无米之炊。

无奈之下，载沣只得请求隆裕太后调拨内帑缓解危机。好在隆裕太后也不是吝啬小气的女人，第二次奏请时便拿出了三十万两黄金。不过隆裕太后也知道，仅靠吃老底支持不了一支强大的海上力量，下懿旨称其余款项无论亏欠多少，均归度支部筹措，断绝了载沣和众大臣日后再拨内帑的念头。

想来有人会以明治天皇节衣缩食支持日本购买军舰的例子，感叹大清帝国的统治者与邻国的明治天皇，相差不可以道里计。其实，揭开了政治神话的面纱，清楚明治天皇在推翻幕府以后将大量幕府财产纳入囊中，身价膨胀千万倍，却仅是节衣缩食、捐献首饰、裁减用度支持日本的海军建设，便会明白所谓英明睿智、上体天心、下顺民意造成的举国一致，不过是场厚黑政客们愚弄民众的政治秀。

即使各省认筹的款项也并非一帆风顺。江西巡抚冯汝骏以预算不敷使用为由，请求江西每年减少承担的银两数额。安徽巡抚朱家宝称，省库欠款支绌，难以筹集海军经费，请求暂停上解海军专项钱饷。京师大学堂总监刘廷琛上奏称，赔款太多，各项新政举办又需要大量银款，最近民生凋敝，水旱频仍，财政极为困顿，请求暂缓重建海军。

筹款不能及时到位，加大了海军重建的困难。两江总督张人骏上奏称，现在国家财政支绌，筹办各项新政已经有所不逮，实在没有实力重建海军，今后海军的常年经费也难以为继。象山港不宜作为港口，主办人员难以承担大任，海军的创办难见成效，不过是白白地浪费民脂民膏，建议停办。载涛也反对大肆重建海军，认为应该循序渐进，先陆后海。

载沣总揽大局力排众议，统一中枢意见，坚持重建大清海军，巩固海陆安全。对江西、安徽等地督抚的请求，多加抚慰，但是绝不退让，力勉各省督抚要公忠体国，竭尽所能筹措银两。1910年7月8日，载沣同军机大臣就海军军费问题进行会谈，达成共识，海军重建关乎国家生死存亡，不能因为财政困难就缓建或者停建。载沣一面再次请求隆裕太后调拨内帑支持，一面恳请各省督抚体念时艰勉力为国，落实海军款项，甚至还有了借外债弥补军费不足的构想。

然而，在挑选承担重建海军这一使命的要员人选上，载沣却令人诟病。最早任命的几个筹办大臣中，载泽、铁良态度消极，唯有担任民政部尚书的肃亲王善耆积极任事，积极出谋划策。善耆虽然不熟悉海军，但年富力强，更在步军统领衙门、民政部等多个部门历练，一直支持载沣的决策，可谓重建海军的不二人选。

载沣却在其胞弟载洵一再要求和催促下，将筹办海军的职司交了出去，让这个年仅20余岁的亲贵执掌帝国重器。甚至在处理载洵和萨镇冰的关系中，再次偏袒载洵，让久孚众望的萨镇冰出局。如此偏颇，如此无情，如此冷漠，难免拂了勇于任事者的心意，寒了海军宿将老成持重的公心。

大清陆军部和海军部旧址（位于北京市东城区张自忠路）

# 第四章 无可奈何花落去

## 宪政向前

1908年8月27日,慈禧太后和光绪皇帝颁布《钦定宪法大纲》,郑重宣布预备立宪期限为9年,并开列《九年预备立宪逐年筹备事宜清单》。这部立宪大纲由宪政编查馆和资政院拟定,以1889年日本颁布的《日本帝国宪法》为蓝本,将十四项君主权力以法律形式加以确认,明确臣民应尽纳税、当兵及应遵守的法律义务,享有担任文武官吏及议员的权利,享有言论、著作、出版及集会结社自由,非经法律允许不得逮捕、监禁、处罚,财产及住所无故不得被侵扰。

清单系统规定了预备立宪期间,中央和地方的各个机构应推行的措施,需达到的目标及相关的责任归属,翔实而细致。谨以光绪

匾额上写着"立宪万岁"

三十四年应办事项为例,需要落实的工作包括由各省督抚筹办咨议局,民政部、宪政编查馆协同制定并颁布城镇自治章程,民政部制定并颁布调查户口章程,度支部制定并颁布清理财政章程,军机处请旨设立变通旗制处,学部编辑简易识字课本和国民必读课本,法部编订民律、商律、刑事民事诉讼律等法典。

到第九个年头即1916年,大清应该颁布正式的宪法、皇室法典、议院法、议员选举法,举行上下议院议员选举,确定预算决算章程并制定当年预算,厘定内外官制并予以施行,设置弼德院顾问大臣,人民的识字率达到百分之五。倘若这份清单得到落实,无疑将确立坚实的宪政基础,中国的命运大不相同。

载沣一上台,就向外界表明了推行宪政的决心,以宣统皇帝名义重申九年立宪期限,内外诸臣不得观望迁延,以免贻误时机,务必保证宪政顺利施行。

从两宫驾崩到新皇即位,再到宣布继续执行九年预备立宪计划,留给载沣完成第一年计划的时间并不多。12月17日,载沣设立变通旗制处,由溥伦、载泽、那桐、宝熙、熙彦、达寿负责,会同军机处办理,要求妥善筹划各项事宜,尽快地让这群只爱提笼遛鸟的纨绔子弟自强自立。

当然理想很美好,现实很骨感,自然不能让这些八旗子弟马上就断了炊、歇了菜,该发的钱粮兵饷还是要发的,要不然不需革命党闹腾,这些小爷们自个儿就把大清国折腾完了。

八旗的事安顿好了,载沣才有心力催促各部、中枢大臣和地方督抚落实其他计划。想让这帮官僚兢兢业业地干活，自然要找根鞭子时不时地敲打一下，宪政编查馆就是一根好鞭子。载沣命令宪政编查馆设立考核专科，专门负责考核中央与地方各衙门，各衙门必须尽快落实，每半年做一次工作汇报。几个月后，载沣特意增添人员，劳乃宣充任考核专科总办，杨度、吴廷燮、章宗祥、钱承锽充任会办，赵炳麟充任帮办，达寿充任提调。

宪政编查馆很快地成为载沣手中的一根鞭子，鞭打着中央与地方各衙门，不时催促政策的实施状况。1909年，各地陆续将已办事项奏报，载沣令宪政编查馆核实，分列名次，宣告中外。

首年告捷，载沣松了一口气，热情也就提了上来。再次发布上谕，宣告朝廷一定施行预备立宪，通过改革实现国家大治，大小臣工应体会朝廷的意思，努力奋斗，有什么好的建议尽可畅所欲言；如果怀有私心，听信并散播谣言，自作聪明阻挠新政，立即查办；百官臣僚务必再接再厉，争创佳绩。

在大清推行宪政，难免会遭到部分地方督抚的反对。陕甘总督升允首先发难，认为推行预备立宪并非慈禧太后和光绪皇帝的本意，不过为当时形势所逼。现在事情过去了，两宫不在了，应该立即取消立宪。不但如此，升允还请求上京觐见。

载沣知道其进京的目的，不愿个别臣僚干扰预备立宪的大事，明确告知军机大臣，升允的言论让人费解，三年前提出立宪是大势所趋，现在情势较当初更为紧迫，天下臣民都应体谅朝廷推行立宪的苦衷；升允如有见解，不妨具折直陈，或者发公函、公电到军机处，没有必要来京。

升允不服，再次上奏陈述推行宪政的种种弊端，建议不要轻易实施。载沣对其屡屡不遵旨意、肆意抵制预备立宪的行为大为不满，申饬升允违反潮流，诋毁已故慈禧太后的懿旨。

升允接到载沣的电文，气也不打一处来，声称自己近来精神恍惚，眼花耳聋，口不辨香臭，请求开缺。载沣听出升允的话里话，下旨称该大臣几近负气，殊属非是，本应严惩，姑念久任封疆尚无大过，著照所请即行开缺。

载沣为推行宪政，不惜将陕甘总督升允这样的大员开缺，心里也知道在这样一个挪动桌子都可能流血的国度，要进行改天换地的改革，遭受的阻挠必定非同一般。

载沣能做的，除了寄希望王公大臣体谅时艰、共赴国难，只能是利用自身的地位和身份，再次发表诏谕，恳请、劝说和告诫群臣，莫要一味塞责；预备立宪各项要政是已故慈禧太后和光绪皇帝的旨意，也是民众恳切的期望，关系重大，内外群臣应该振奋精神，认真落实，不要虚文粉饰，铺张浪费；如果遇到实际困难，准许王公大臣和各地督抚详细禀报，妥善地拟定处理办法；期望内外臣工持之以恒，努力落实，不要遇事畏难不前，相互推诿；当下世事艰难，内外诸臣世受国恩，理应殚精竭虑，勇于承担责任；倘若虚假应付，不能克期实现，谁能承担责任，故令宪政编查馆随时稽查各地宪政；如果逾期不能完成，或者因循敷衍没有落实，则由宪政编查馆据实奏报，按例惩处，绝不姑息。

资政院内景

除了这些,地方咨议局和中央资政院是施行宪政的重要成果,也是一个烫手的山芋。1907年9月,慈禧太后以光绪皇帝的名义发布上谕,命令在京师设立资政院,在各省设立咨议局,采集舆论,指陈利弊,筹划长治久安的大计。

1908年7月,宪政编查馆拟制的《各省咨议局章程》《咨议局议员选举章程》昭示中外。各省督抚被要求在一年内完成咨议局的设置和议员的选举工作。按照这两份章程,各省咨议局被定义为带有议会色彩的参政议政机构,议员的职权介于今日政协委员和欧美立法议员之间,各省督抚与咨议局之间的关系是互相协商与互相监督。

《各省咨议局章程》共十二章六十二条,规定了咨议局的职能、各省议员的名额、选举资格和选举办法。咨议局的职能是讨论该省应该兴办和革除的事务,讨论该省的财政预算、决算、税收、公债,讨论该省单行章程规则的增删和修改,选举资政院议员,复审资政院或督抚的答询等。

该章程对选民资格做了明确的规定。各省办理学务及其他公益事业满三年且卓有成绩者,本国或外国中学堂及同等学力有文凭者,举贡生员以上出身者,曾任实缺官职文七品或武五品以上未被参革者,该省有五千元以上营业资本或不动产者,非该省籍贯年满二十五、寄居该省年满十年且在寄居地有万元以上营业资本者,皆具备选民资格。

品行悖谬、营私武断者,曾被处以监禁以上刑罚者,营业不正当者、丧失财产信用被人控告尚未结清者、吸食鸦片者、精神类疾病者、身家不清白者、不能识文断句者，不具备选民资格。各省官吏、幕友、巡警、僧道以及其他宗教人员、在校学生、小学教员停止选举权与被选举权。

《咨议局议员选举章程》共一百一十五条，详细规定了选举区域、办理选举人员、选举年限、初选、复选、改选、补选、选举诉讼、处罚以及专额议员等相关条目。

1909年8月23日，经过修改的《资政院院章》公布，规定资政院的职能是议定国家的预算、决算、税法、公债，制定相关法律法规，弹劾大臣等。资政院采用一院制，设总裁二人，副总裁二至四人，常会每年召开一次，临时会议需要时召开，议决的各项事宜必须具折上奏，请求皇帝下旨施行与否。

10月14日，除新疆以外，各省陆续按照章程完成咨议局议员的选举，各省议员又进行资政院议员的选举。不久资政院召开第一次会议，朝廷以宣统皇帝名义对资政院的召开特谕祝贺，载沣到会致开幕词。

资政院、咨议局是预备立宪阶段的过渡产物。从宪政编查馆拟定各省咨议局章程、资政院院章，到咨议局在各省督抚组织下相继成立、开始运作，再到完成议员选举，资政院正式运转，矛盾陆续浮出水面。

在资政院和咨议局定位上，载沣等中枢决策者与立志尽快推行宪政的立宪派产生了巨大的分歧。载沣等认为，资政院和咨议局作为一种过渡和准备,并非完全意义上的国家议会和地方议会,所以职能必须缩减,只能当成参政议政的辅助机构,而非具有完全立法权、监督权的议会。

在热心立宪的王公大臣和活跃分子看来,推行宪政势必将资政院和咨议局扩展成为具有完全职能的议会,而非中枢决策者和地方大员的辅助机构,更不是宣统朝的政治花瓶。

载沣对待资政院、咨议局这样的新生事物,态度略有保守,究其原因不外乎以下两点:第一,作为帝国实际的执政者,载沣缺乏与近代宪政机构相处的经验和自信。即使是资政院、咨议局这样的不完全议会机构,也让载沣慌乱不堪。第二,载沣视资政院、咨议局为宪政试验性机构,并未放在眼里,习惯性地按照旧有规则办事,屡屡侵犯其职权。

比如,在湖南巡抚杨文鼎的试办公债案上,载沣处置失宜,引发部分议员的不满。杨文鼎无视湖南咨议局拥有决议省税法及公债事件的权力,越过咨议局向中央请求试办公债一百二十万两。经度支部讨论后,载沣批准杨文鼎的请求,遭到湖南咨议局的反对。

1910年10月6日,湖南咨议局致电资政院表达严正的抗议,称湖南省不承认这项公债。资政院认为,杨文鼎绕过咨议局奏请发行公债不合法律程序,力主进行惩罚。载沣不愿过于纠缠,承认杨文鼎的所作所为不合法律程序,但仅将问题归于疏漏,既然该事已经通过部议,降下圣旨,不宜再更改,今后当遵守章程办理。部分议员认为这是和稀泥,杨文鼎的行为并非疏漏,而是明知故犯,载沣处置有失公允。督抚大员违反法律，不被追究责任，大家开始怀疑皇室推行宪政的诚意。

一波未平，一波又起。载沣刚在杨文鼎一案上开罪湖南省咨议局，不久又触怒资政院。11月20日，资政院上奏三项议案，分别是江西统税改征银元案、广西高等警察学堂限制外籍学生案和云南盐加价案。根据资政院院章，各省咨议局与督抚异议事件，此省与彼省咨议局争议事件，均由资政院复议，议决后由总裁、副总裁具折上奏，请旨裁夺。载沣和军机大臣并未照章办事，将广西高等警察学堂限制外籍学生案交民政部查核具奏，将云南盐加价案交督办盐政大臣查核具奏，引发资政院议员的不满。

资政院觉得载沣有意将资政院置于各部之下，违背宪政本意，将矛头指向中枢，要求军机大臣辞职。载沣不愿军机大臣代己受过，声称设官制禄及处置百司是朝廷大权，为宪法大纲明文规定，拒绝资政院的要求。这引起了轩然大波，幸而资政院内部意见不一，提出了修正案，才没有在这个问题上纠缠。

对于资政院、咨议局、议员如何定位，宪法大纲和章程如何实施，载沣有自己的想法，却不一定有清楚系统的认识。倘若仅为一个地方督抚，尚不致造成重大灾难，遗憾的是载沣的身份是监国摄政王，模糊不清的认识和因此产生的惯性行为，引发立宪派的批评。

立宪派对如何推行宪政并无经验，所依凭的不过是对日、欧、美宪政的皮毛认识，想当然地认为在大清施行宪政，就必须完全彻底地贯彻三权分立、虚君政治的原则,处理过程中失之颠顶,不顺己意便鼓噪不已,大呼朝廷没有诚意。这是没有认识到,在一个有两千多年专制集权传统的帝国推行宪政是何等的不易。

其情可悯,其行可哀,也许只有在黑暗中摸着石头过河久了,才可能从中找到一条宪政的路子。

## 失控的国会请愿

1906年9月1日,慈禧太后以光绪皇帝名义颁发上谕,宣布预备仿行立宪,将立宪氛围推向高潮。按照中枢王公大臣和地方督抚的意见,宪政的推行应采取较为稳妥的方式,首先进行预备立宪,奠定宪政的基础,为责任内阁和国会的召开创造条件。

但是事情很快脱离了控制,民间和部分官僚的立宪情绪迅速膨胀,对预备立宪期限太长极为不满,要求缩短期限,立即召开国会,成立责任内阁,施行完全的君主立宪制度。这种盲目而热烈的立宪氛围,在光绪末年和宣统年间急剧发展,以致无法收拾。

各种各样的立宪团体如雨后春笋一般涌现,在政治舞台上尽情地阐发各自的见解。1906年10月,郑孝胥、张謇等在岑春煊的支持下建立预备立宪公会。会上,众人推举郑孝胥为会长,张謇、汤寿潜为副会长,江浙工商界的众多要人纷纷加入成为会员,一部分意见领袖为之摇旗呐喊。梁启超和杨度进而商议组建政党,倡议开办国会。杨度组建宪政公会，以湖南士绅熊范舆为会长，主张于一二年内开设民选议院。1907年10月，梁启超、蒋智由、徐佛苏等在日本成立政闻社，创办《政论》，宣传君主立宪，实行国会制度，建立责任内阁。

1908年6月30日和7月11日，郑孝胥、张謇、汤寿潜两次致电宪政编查馆，表达缩短预备立宪期限的愿望，称各省成立了很多的请愿团体，外间传言中枢将以六年为限，众情疑惧，都以为太缓；现在时局艰难，需要尽快立宪，以新国人耳目，莫要违背民意，一意拖延。

7月2日，政闻社致电宪政编查馆，希望尽快宣布预备年限，消弭祸乱，维系人心；预备立宪年限宜短不宜长，过长则让爱国者灰心，助增革命者气焰，所以希望公布预备立宪年限为三年，期满召开国会。河南、江苏、安徽、湖南、直隶、吉林、山东、山西、浙江等省代表赴京呈递请愿书。

一些地方督抚和出使各国大臣纷纷表态支持立宪派，要求尽快公布预备立宪期限，并尽可能缩短年限。8月27日，宪政编查馆和资政院将制定的《钦定宪法大纲》《议院法要领》《选举法要领》《逐年筹办事宜清单》上奏，明确预备立宪年限为九年。

1909年各省咨议局开幕前夕，由于载沣担任监国摄政王以来的很多举措不合时宜，政治形势急剧恶化，立宪派请愿活动像暗流一样涌动。张謇发起了第一次国会请愿。10月13日，江苏咨议局开幕前一天，张謇与江苏巡抚瑞澂商议，由瑞澂联合督抚，请求速速成立责任内阁，由江苏咨议局联合奉天、吉林、黑龙江、直隶、浙江、福建、山东、广东、广西、湖南、安徽、江西、湖北等十几省咨议局，请求速开国会。

张謇等人运作的十几省代表相继到达上海，在上海的预备立宪公会事务所举行多次集会，通过了相关决议。12月30日，召开最后一次代表会议，推定上京代表，通过成稿，会后代表离沪赴京。

1910年1月，各省咨议局请愿代表到北京后，赴都察院呈递请愿书。都察院官员拒不接见，回复称堂官商议后再行酌夺，初八可以答复。请愿代表于农历十二月初八到都察院，并未得到明确答复，一直到了农历的十二月十八日，都察院探得军机大臣的意思后，将请愿书代为递送。

载沣对如何应对国会请愿举棋不定，与军机大臣商议是否答应请愿团的要求，缩短预备年限。中枢重臣认为九年立宪由两宫确定，不宜更改，且九年时间完成正式立宪准备工作本来就很紧迫，不赞成因为请愿更改立宪路线图。载沣原本有意不设年限，视立宪筹备工作具体进展决定立宪速度，正好认同九年立宪的进程表。

1月30日，载沣以宣统皇帝名义颁发上谕，对请愿团关心国家深表欣慰；但是并不认可速开国会的意见，原因是国土辽阔，准备工作没做好，国民的知识水平参差不齐，马上召开国会，容易造成混乱；立宪一事应该循序渐进，目前召开的咨议局和资政院是为国会做准备，建议各议员做好当下工作，为宪政打下坚实基础，等将来准备好了再召集议院。

大清监国摄政王载沣标准像

国会请愿团从一开始便认识到，国会的召开不会因为一次请愿就实现，主张通过不断的请愿实现国会的尽快召开。6月16日，各省请愿代表80余人再次赴都察院呈递请愿书。直隶咨议局、直隶商会、直省教育会、直省绅民及旗籍代表、东三省绅民代表、苏州及上海商会、澳洲华侨等纷纷向都察院寄送请愿书。第二次国会请愿瞬间让舆论沸腾，也让中枢乱成了一锅粥。

载沣对国会请愿书甚为头疼，不知道该如何处理，要求军机大臣解决。军机大臣也没有办法，奕劻主张将请愿书交政务处议决。政务处王公大臣会议的意见始终不能一致，讨论数日，全无结论。善耆和载泽主张缩短期限，法部尚书溥颋反对缩短期限，朝中元老陆润庠沉默不语。

载沣认为，近来政事混乱，人民素质不高，速开国会必然徒滋纷扰，最终决定不缩短国会筹备期。在答复上，中枢重臣意见也不一。有的主张措辞严厉加以申饬，以免哓哓不休；有的主张婉言劝慰以安抚民心，避免民怨；载沣主张措辞动人。6月27日，载沣以宣统皇帝的名义发表上谕，称仍然要等到九年预备完全施行完毕，再降旨召集议院，请愿人员已经充分表达了对朝廷的忠心，但是宪政准备烦琐复杂，请各位不要再请愿了。载沣婉拒第二次国会请愿，并要求请愿团不要在速开国会一事上纠缠，请愿的声浪逐渐降低。

不过，偶然的外交事件再一次为缩短筹备期限和速开国会创造了条件。日本和俄国达成第二次日俄密约，严重威胁中国东三省的安全，群臣对此危机的处置各执一词。载沣和隆裕太后对日俄垄断中国东北忧心忡忡，年轻气盛的载涛主张大步向前，整顿海军，扩充军事，剪革辫发，一新天下耳目。老成持重的张之洞和世续反对，载沣、载涛与奕劻商议将保守的世续踢出军机处，把毓朗和徐世昌引入军机处。这样一来，改革势力大增，保守势力萎缩，以此为契机开启了缩短预备立宪的大门。

8月15日，国会请愿代表团开会集议，形成几项决议。各团体代表必须在农历八月以前来京，九月上书资政院，请求速开国会；同时向各省咨议局提议，国会不开就不承认新租税，各省咨议局于宣统二年的常会只进行速开国会一个议案，不达目的，同一时间宣布解散。

不久，国会请愿代表团召开特别会议，商议第三次请愿办法，结果商定出五条办法，分别是上书监国、上书政务处、呈请资政院具奏、联合督抚待奏、觐见监国。到达北京后，代表团赴醇亲王府呈递请愿书，上书资政院，请求资政院迅速提议宣统三年召开国会，提前议决代奏。

资政院的立宪派议员提议搁置他案，讨论速开国会。经过短时间混乱后，迅速进行议决，采用起立表决的形式通过速开国会案。资政院奏请提前设立上下议院，称立宪政体为当前各国政体所趋，以建设国会为第一；立宪筹备缜密、督责严格，却未有绩效，症结在国会未开，应趁当下民情所请速开国会，稳固民心。

一些地方督抚也对国家的现状不满，对王朝的命运忧心忡忡，奏请速开国会，速设责任内阁。1910年2月2日，吉林巡抚陈昭常上奏，认为目前的困局源于军机大臣有职无责，设立责任内阁有利于重建政务系统，明确施政方针，厘清中央与地方权力，完善各部分工，实现中央与地方、各部与各部、政府与民间团体的权责明晰、有序协作。陈昭常建议接受民众请求，从速召开国会以摆脱困境。

10月25日，东三省总督锡良、湖广总督瑞澂、两广总督袁树勋、云贵总督李经羲、伊犁将军广福、察哈尔都统溥良、吉林巡抚陈昭常、黑龙江巡抚周树谟、江苏巡抚程德全、安徽巡抚朱家宝、山东巡抚孙宝琦、山西巡抚丁宝铨、河南巡抚宝棻、新疆巡抚联魁、浙江巡抚增韫、江西巡抚冯汝骙、湖南巡抚杨文鼎、广西巡抚张鸣岐、贵州巡抚庞鸿书等十九名地方大员联名致电军机处，请求立即组织责任内阁，并于次年开设国会。直隶巡抚陈夔龙和陕西巡抚恩寿分别奏请，先设置责任内阁，缩短筹备国会的时间。四川总督赵尔巽为四川咨议局代奏，请求下旨给资政院，于本年会期编成议员选举法，立即召开国会，巩固内政。

咨议局、资政院诸多议员和地方绝大多数督抚纷纷上奏，请求速开国会，成立责任内阁，引起中枢乃至宫中风气的变化。肃亲王善耆代请愿团向载沣递交请愿书，讲述各代表的政治热情和学生流血事件。载沣听后叹息，承诺商议应对之策。第二天会议上，毓朗主张速开国会，称民气不可强压，救中国无他策，国会多数人的建言远胜政府少数人的筹划。

隆裕太后召见载沣，询问国会请愿情形，问及哪省代表请愿时割股断指以示真诚，载沣称割股断指者是奉天的学生。隆裕太后为"奉天"两字触动，认为请愿出于忠爱，皆为时势逼迫，并非沽名钓誉，需要审慎对待，尽可能说服反对速开国会的大臣。

载涛、载洵也主张速开国会，载洵表示同情国会请愿，载涛更积极奔走，联络亲贵王公，准备联衔请愿，甚至密查反对速开国会的大臣，预备从严弹劾。亲贵中明确反对速开国会的只有奕劻，他连续五日请假，致电云贵总督李经羲，致使其不再领衔上奏。但奕劻一人孤掌难鸣，不能逆转全国上下倾向速开国会、成立责任内阁的潮流。

载沣的态度也开始软化，逐渐倾向于缩短预备立宪期，从速召开国会。同隆裕太后会面商谈后，载沣召见军机大臣，下令各省督抚和各部大臣，就缩短国会期限问题详细回复，博取众论，从长计议。

一时间大清帝国无人不谈国会，无人不谈责任内阁，各种各样的流言传得沸反盈天。

10月29日，有消息称朝廷决定宣统五年开国会，各省纷纷致电军机处，请求宣统三年就开国会。福建咨议局、陕西咨议局、贵州咨议局、湖南绅商军学界、山东教育会、河南同志会、河南教育总会、河南咨议局、江西咨议局、湖北咨议局等纷纷发表电文，请求宣统三年即开国会。民间的传言给帝国中枢带来沉重压力，王公大臣商议后仍然拿不定主意，既害怕不同意满足不了民众希望，又害怕同意以后民众情绪更加强烈。因此决定调和一下，准备宣统三年设立内阁，宣统五年召开国会。

11月3日，载沣召开御前会议，军机大臣毓朗、镇国公载泽先后发言。毓朗认为速开国会以满足国内各界的要求，势在必行；但在召集国会之前，应先设立责任内阁，确定国家大事方针，制定海陆军整顿与重建方案，确保军事建设不受国会影响。载泽认为当前形势是国家税和地方税混杂一起，未有清晰划分，民众重视民生甚于国防，当下有主张裁减海陆军乃至停办海军的言论，因此必须先设立责任内阁，将国是确立下来，抓住两者之间的时间完成一系列布置，然后再召集国会，避免造成纷扰。

载沣认可毓朗和载泽的意见，以两人意见为蓝本发布上谕，将宣统三年设立责任内阁、宣统五年召开国会的决定作为政策宣示于众，利用三年的时间完成财政和军事整顿；如果立宪派再次请愿，将以借词煽惑、希图破坏的名义整治。12月25日，载沣以宣统皇帝名义再次发布上谕，要求宪政编查馆迅速落实之前的修正筹备清单谕令，详细纂拟内阁官制，落实责任内阁一事。奕劻呈上修正后的筹备清单，拟在宣统二年厘定、宣统三年颁布，然后设置责任内阁。

载沣的让步并没有让立宪派满足，部分请愿代表的失望之情溢于言表，称中枢的某些重臣表面上阐发的是老成持重之言，实际上是敷衍苟且，满足窃据朝柄的私心，而新近得幸的大臣害怕国会一开，他们的位置将有不保，所以才会遏抑阻挠。

其实，将未能完全如愿归咎于朝中重臣和新近之臣的阻挠，与事实相差不啻千里。请愿团出现了分裂，部分成员不甘接受现有的成果，决意遵照谕旨解散请愿团，再从其他方面进行督促，请求宣统四年召集国会。

东三省的民众整日生活在日俄两国的侵凌中，迫切要求速开国会。奉天咨议局、教育总会、农务总会、商务总会、国会请愿同志会和全省四十六州县代表共一万余人，赴东三省总督府请愿。锡良具折陈述东三省民情，称各界绅民万余人伏泣公署前面，情词迫切，甚至有声嘶力竭不能控制情绪者；挽救东三省的危机，可以凭恃的只有民心，恳请朝廷答应民众的请求，宣统三年即开国会，挽救东三省危难。

全国学界同志会、顺直咨议局和商会率领千余学生至督署请愿，直隶总督陈夔龙被迫转奏。奉天、直隶、四川等省学生继续散发传单，罢课停学，要求速开国会。载沣对仍不止息的请愿运动大为恼火，唯恐计划被打断，回绝了锡良和陈夔龙的奏请，并要求陈夔龙进行弹压，严查严办。

为了防止请愿运动滋扰麻烦，载沣以宣统皇帝名义下诏，禁止国会请愿运动。称宣统五年开国会已属定议，无识之徒肆意要求，甚至挟持官长，以东三省代表的名义递呈请愿书，相关部门迅速将这些人送回原籍，聚众滋闹情事者按乱民查处。

接下来，载沣命令军机处电寄各省督抚，防范镇压学生请愿，称改于宣统五年开设议院，已明白宣示，不安分的民众借此为名到处煽惑；学堂里的学生年幼无知，血气未定，往往为其愚弄，纷纷停课，这等荒废正业的行为恐怕会酿成他变，贻害民生；不准学生干预国家政治，早已颁布谕旨，现在学生嚣张的习气重新起来，都是办学人员管教不严所致。

载沣要求各省督抚严饬提学使、监督、提调、堂长、监学等，随时开导查禁，防患于未然。督抚们接到载沣的谕旨后，一一照办，各地继续发动请愿的人很快远窜边疆，学生恢复上课。

立宪派要求加速立宪步伐、迅速召开国会的意愿，基于帝国当时恶劣的生存环境，本有相应的道理支持。但对是否具备召开国会、设立责任内阁的实际状况，没有做调查研究和深度考量，难免失之鲁莽。立宪派对载沣先设立责任内阁，后召开国会的处置，出现强烈的不满情绪，将同情和支持宪政的新近亲贵视为敌人而非潜在的合作伙伴，不免使人唏嘘。

革命党充分利用载沣生硬处理民众请愿的时机，积极在各地宣传反满革命，掀起一次又一次的起义。在民众特别是高度关注政治的新式知识分子群体眼中，立宪派似乎输了一局，朝廷也输了一局，革命的吸引力明显增强。

载沣当政之前，国内外民众对其抱有很高的寄望，期待着他给大家带来惊喜。但载沣摄政当国以后，人们发现这个外表敦厚、名声极好、敢于辞退袁世凯的统治者，不过是个心志高大上、政治经验匮乏的中才之人。

他虽然坚持宪政不动摇，积极推行一系列有益于宪政的措施，也愿意对民众做一定限度的妥协，但遭遇挫折就本能地退缩，处理问题缺乏圆滑妥当，伤害了部分民意。这种性格和政治能力的缺陷，势必一点一点地展现在世人面前，逐渐让希望者失望，进而另觅他途。

## 奇葩的皇族内阁

载沣决意在宣统三年设置责任内阁是权宜之计，目的是赶在国会召集之前确定国家的大政方针，所以希望设立的责任内阁能够听话，而非一个拥有完整决策权的独立行政机构。2月1日，载沣召集中枢大臣，下谕旨就设立责任内阁、裁并礼部和吏部、缩小宪政编查馆的职权范围等问题进行商议。3月，宪政编查馆将拟定的内阁官制呈上，载沣删去"凡经阁议决定后，可立即施行"，将草案交给各部大臣查看。

度支部尚书载泽、礼部尚书荣庆、学部尚书唐景崇对草案提出了意见。载泽建议，暂时保留具奏权者的权利，以扩大言路，使下情上传。荣庆建议，将内阁停止或撤销地方各省长官及藩属长官处分的权力，改为奏明停止或撤销，以赋予地方更多的处置权，缓和中央与地方的矛盾，保留弹劾官吏、条陈时政者的言事权。唐景崇提议，赋予各部大臣特旨入对权和提议权。

3月22日，载沣于会议政务处召集军机大臣奕劻、徐世昌、那

"皇族内阁"合影

桐和度支部尚书载泽、吏部尚书李殿林、学部尚书唐景崇、外务部尚书邹嘉来、法部尚书绍昌、理藩部尚书寿耆、学部侍郎宝熙等人，查看内阁官制草案，经商议后再次做出修改。不久，中枢重臣再次举行商议，经过一番讨论拟定了新的内阁暂行章程。

5月8日，载沣通过并颁布了由宪政编查馆和会议政务处联合拟定的《内阁官制》和《内阁办事暂行章程》。《内阁官制》共十九条，详细规定了内阁的组成、职权和日常运作；《内阁办事暂行章程》共十四条，旨在对《内阁官制》加以补充和说明。《内阁官制》赋予内阁总理大臣入对权的同时，也赋予各部大臣请旨入对权，保留了旧例的具折奏事权，将大政的最终决定权仍归于君主。这样的设置使得内阁大臣虽然大权在握，但对各部的统辖权受到了限制。

颁布官制和章程后，载沣谕令组织责任内阁。奕劻成为首位内阁总理大臣，原军机处大臣那桐、徐世昌成为内阁协理大臣，外务部尚书梁敦彦成为外务大臣，户部尚书善耆成为民政大臣，度支部尚书载泽成为度支大臣，学部尚书唐景崇成为学务大臣，陆军部尚书荫昌成为陆军大臣，海军部尚书载洵成为海军大臣，法部尚书绍昌成为司法大臣，农工商部尚书溥伦成为农工商大臣，邮传部尚书盛宣怀成为邮传大臣，理藩部尚书寿耆成为理藩大臣。

整个责任内阁成员由原军机大臣和各部尚书充任，满族大臣9名，其中7名为皇族，汉族大臣仅有4名，被称为"皇族内阁"。与光绪三十二年官制改革形成的满汉比例相比，很容易给人留下崇满抑汉，甚至是重满排汉的不良印象。

## 第四章 无可奈何花落去

奕劻抱怨责任内阁有全责无全权,载泽抱怨未能当上内阁总理,各地督抚抱怨责任内阁剥夺了奏事权利。长期担任史官的恽毓鼎愤愤地称,责任内阁满人过多,宗室占据要津,在这样一个群情离叛、厝火积薪的国情下,依然以少数控制多数,国家没有不亡的道理。

恽毓鼎的分析很有道理,大清刚刚从一场巨大的动荡中获得喘息之机,身为皇帝生父的载沣不想着好好地安抚民意,反倒想像往常一样坚持少数满人统治多数汉人,弄出这样的责任内阁,无疑会加剧局势的紧张,帝国的灭亡势成必然。

立宪派盼来盼去,没料到载沣弄出这样古怪的责任内阁,自然大为不满。张謇专程赶到京师,当面劝说载沣不要拿国运做赌注,重情疑惧带来的可能是众叛亲离,可能是王朝的分崩离析。载沣听后无动于衷。

7月5日,奉天咨议局副议长袁金铠联合其他十八省咨议局议长、副议长、议员34人,请求都察院代奏,另行组织责任内阁。袁金铠等人称,君主不担负责任,皇族不组织内阁,这是君主立宪国家共同坚守的原则;现在朝廷重用宗室,失去民众的信任,很难真实地推进立宪改革;请明降谕旨,于皇族外简派大臣组织责任内阁,以符合君主立宪的公例,满足臣民立宪的希望。

国际舆论也对监国摄政王炮制出的责任内阁大感诧异,言辞中颇有戏谑和嘲弄之意。英国《泰晤士报》称,这样的责任内阁不过是旧军机处的变种,载沣此时还注重满汉的界限,想让满族最大程度地把持政治大权，实在是愚不可及！

东邻日本也不给面子。大隈重信称，大清帝国此次出炉责任内阁，值得注意的是梁敦彦出任外务大臣，大有走亲美外交的趋势；但是梁敦彦不过是一个熟悉外交事务的技术人员，实际掌握外交大权者必是奕劻；内阁的中心是奕劻，那桐、徐世昌、善耆也是几股不可小觑的势力；令人疑惑的是阁员中皇族成员占了好几人，与君主立宪国家皇族不承担具体责任的惯例严重不符，难道有什么不得已的苦衷？

载沣没想到区区一个责任内阁，竟然惹出这么大风波，顿时头大如斗，面对各省咨议局的抗议大为恼怒。7月5日，发布上谕对袁金铠等人严加斥责，称任命官员是君主的权力，两宫定下的宪法大纲中有明文规定，议员不得干涉；现在议员一再陈情，气焰非常嚣张，以后必然滋生流弊；朝廷用人都是秉持大公，臣民应当遵守钦定宪法大纲，不得随意干涉。这样的解释不能让立宪派满意，并激起深深的怨恨，使得立宪派与皇家离心离德。

载沣接受提前组织责任内阁的要求，并下令制定责任内阁官制组织责任内阁，无疑有脚踏实地推行宪政的成分，皇族内阁的出炉也有其合理一面。在载沣看来，帝国中最值得信赖的是宗室，宗室的利益和皇家的利益最吻合。至于满汉大臣，载沣选择和任用人才时也尽可能地任贤使能，但难免会有个人的偏好，如与其趣味相投且伴随出使德国的荫昌得以跻身高位。

组织责任内阁多用了几个满人、几个宗室，在载沣看来不是多大问题，何况大清自咸丰以来就有重用宗室的传统，设司用人属于君主权力。用满用汉，是否提拔亲贵，在载沣看来也许并没有太多其他的意思，崇满重满抑汉排汉不过是别有用心之人的鼓噪。

载沣对民主宪政没有真切的认识和发自心底的信仰，更别说精深的理解。他设立责任内阁毫无经验，仅凭那点对德国宪政的皮毛了解，根本不足以应付时局，但是亨利亲王的教诲让他记忆犹深——权力必须牢牢掌握在皇族手中。德国皇室引领德意志从分崩离析的邦国成为首屈一指的全球强国，创立皇族引领国家中兴的范例。德国可以，大清自然也可以。走德国的路让大清重新屹立于东方，未尝不是一条可行之道。

清政府虽无不肖之君，但鸦片战争以后的屡战屡败，丧权失地割让权益，为历代所无。民心思移，根本不具备依靠皇室再度振兴的可能。载沣效法德国是东施效颦，邯郸学步。引皇族入主内阁使得满汉大臣比例严重失衡，剥夺内阁决策直接实施的权力，限制内阁总理的权力，将最高决策权收归君主，无疑与各国设立责任内阁的原则相违。载沣搞出这么奇葩的皇族内阁，令内外臣工侧目，引中外舆论抨击，受国内万民责难，致使民意乖违。

如此这般，也难怪大清帝国风雨飘摇！

## 要老命的铁路

甲午战争以后,特别是日俄战争之后,清政府开始飞速的铁路建设。在一片幅员辽阔的国土上修建连通南北、贯穿东西的铁路,无疑要花大量资金。遗憾的是大清的国库并不宽裕。再缺银子,铁路不能不修,否则边疆发生战事,没等援兵赶到,恶邻的铁蹄就把要地占领尽了,只留下无奈的抗议。

大清国库没有银子,并不意味着在大清的土地上修建铁路没有银子可图,全世界的商人都知道这个道理。只要在大清造铁路,就能赚海量的银钱,无数的枕木、煤炭、铁块收入囊中。大清有用之不竭的廉价劳动力,只要给口饭吃,有的是卖力气的汉子。大清有丰富的铁矿、煤矿,假以时日,商人有的是法子,把深藏在地下的宝藏一点点挖出来,换成真金白银。无论卖铁轨给大清,还是卖火车给大清,或者只是派一些管理人员到大清,都能赚来丰厚的利润。

倘若借银钱给大清,拿大清稳定的关税、盐税做担保,顺便拿下铁路沿线十里八里宽的土地,要个每年四到五厘的利息,再将银钱放到自己的银行里,让大清按季支用,将获得更大的利润。倘若一边雇佣廉价的劳工修铁路,一边拿闲置的钱开发沿线矿产、土地,或者弄一些只在纸面上的公司上市,在大上海拼命地圈钱,能够弄到的银子将翻上好几倍。可想而知,大清的铁路多么惹人眼馋。

大清铁路老照片

外国人知道修建铁路能带来好处，大清的商人自然也知道。那么铁路交给谁来建？外国人当然说给他们，因为他们有资金、有材料、有技术人员、有经验。

大清的商人说在我们土地上的铁路，就该由我们建，你们有钱我们也可以筹，你们有铁轨我们可以买，你们有技术人员我们可以雇，你们有经验我们可以学。大清官民把铁路给外人始终不放心，俄国人就是个恶劣的例子，给了个空头承诺，拟了个随意更改、随意解释的合同，便用着中国的银子，在中国的土地上建起铁路，还堂而皇之驻扎起了军队，侵占铁路沿线的土地和矿产，甚至设官施治，令中国深受其害。

大清的官员知道修建铁路的好处，也知道铁路的巨大利润，有意自建铁路。但是，一次次的败仗，早就让官员面对列强时腿脚不自觉地发软。

银钱不能不借，关税、盐税不能不抵押，折扣不能不给，沿线的土地和矿产不能不让，这些都是无可奈何的失去。一次次的战争失败，带来的只有国土的割让；一次次无力的谈判，带来的也只有权益的丧失。

1900年7月，盛宣怀与美国美华合兴公司签订粤汉铁路借款合同，规定该合同不能转让他国，三年竣工。后来美华合兴公司违规，不仅未按照合同期限完成，还私自将三分之二股份转售比利时人。

1905年，负责交涉的张之洞费了九牛二虎之力，花了大价钱才将粤汉铁路修筑权收回。损失五年时间,粤汉铁路却停留在纸面上,被美国人忽悠,还要遭受勒索,情何以堪。张之洞为情势所迫,动了借外债修路的念头,向外务部提出向英国借款修路的建议。英国政府乘人之危,顺势还提出优先修建两湖铁路。

张之洞和英国驻汉口总领事的法磊斯商议借款二百万英镑,修造粤汉铁路湖北段。不久又当上督办粤汉铁路大臣,兼办湖北境内的川汉铁路,再次向英国商议借款。英国政府代表濮兰德抬高价钱,公然违反之前签订的合同草案,提出工程师享有购料签字权等无理要求。违约抬价使谈判陷入僵局,张之洞不得已要求按照津浦铁路的合同办理。英国方面想勒索最大利益,自然不同意,声明退出。

张之洞转而同德国方面接触,取得了意想不到的进展。德国要将触角伸入长江流域,不仅同意按照津浦铁路的合同办理,还给予比津浦铁路更优惠的利息折扣。英国人看到德国人在中国获得巨大的利益,便出尔反尔,又无理地要求加入,毫无所谓的绅士风度。德国不想与他国交恶,愿意对英国做出让步。英国人强词夺理,不经大清同意,又将善于放高利贷的法国人拽了进来。5月25日,美国驻华公使柔克义到大清外务部提出交涉,称美国人有意愿参与合作。张之洞借口称合同已经拟定了,不便让美国人掺和进来。

美国人又和大清交涉,外务部尚书梁敦彦未与张之洞协商,便承诺美国人可以在英、法、德三国银行团同意的前提下加入。美国人直接和英、法、德接触,获得许可后强行加入。张之洞被外务部的轻易许诺所害，还是不同意美国人强行进入。电文奏稿往还，唇枪舌剑自是难免。

美国人在中国的扩张意欲难遂，塔夫脱总统直接给载沣发电文，要求利益均沾，享受同等权利。在美国人的威逼利诱之下，载沣不得不答应他们的要求。7月18日，载沣亲自给美国总统回电，做出承诺，称借款问题已经命令外务部与贵国驻京代办会商，希望谈判成功后顺利施行。梁敦彦自酿苦果，无奈只能交涉。美国国务卿诺克斯指示负责谈判的费莱齐提出要求，要求增加借款总额，指定各款用途，给美国与英、法、德相同的利益，由四国银行团拟定合同，让中国政府签字。多方交涉，终于逐渐达成一致，张之洞也没办法强力拒绝。

10月4日，负责铁路借款和筹建的张之洞去世，各方力量纷纷动作起来，唯恐错过这场盛宴。国内反对借款筑路的团体随之纷纷行动，力求保住铁路修筑权。

11月5日，湖北咨议局、湖北教育会、宪政筹备会暨铁路代表张伯烈、夏道南召集会议，成立铁路协会，抵制借款筑路，坚持自筹款项自筑铁路。随后，士绅、商人、军人、学生代表在汉口开会，筹集股款，并致电邮传部和度支部，请求取消借款修筑川汉、粤汉铁路的草案，按照成例准许商办。湖北铁路代表赴京请愿，上书邮传部，称湖北段粤汉、川汉铁路，所需资本已由湖北地方勉力筹措，与所需款项相差无几，恳请准许铁路商办。1910年1月，湖北籍京官黎大钧等禀请邮传部，请求同意湖北段铁路商办。

湖南乡绅一看湖北闹起来了，也不甘示弱，成立湘路公司，致电邮传部。称湘人受借外债筑路的刺激，视借外债为刀刃加身，无不以筹集股款为事；湘人万口一心，请求将湖南段铁路借外款修建的草案作废，交由商办。

大清中枢对借外款筑路一事本就意见不一，张之洞去世后，借款筑路一事变成了再议之事。有的御史称粤汉铁路借款损伤利权，列强心怀叵测，应该拨助官款，速招商股赶紧开办。

驻美使节伍廷芳称，近来美国举行的政府会议中，有中国借款需要以主权做抵押的提议；美国对华借款意在扩张势力，所以才会要求中国以主权作抵押；主权关系到国家根本利益，尤其对力量弱的国家来说，一旦拿主权做抵押，无异于国家灭亡；建议朝廷顶住列强的压力，将借款筑路一事作罢。

载沣听到这样的消息，自然坐卧不宁，没想到一个借外债筑路，居然有把大清朝给借没了的危险，旋即向军机大臣咨询。部分军机大臣力陈借款筑路的弊端和铁路自筑的好处，载沣听后很感兴趣，要求军机处会同邮传部尚书徐世昌及两湖督抚妥善商议办法。

军机大臣那桐称，借外债筑路本来就是迫不得已的选择，现在两省既然有实在款项，自然应当废约自筑，奕劻也极力赞成。徐世昌致电湖南咨议局局长谭廷闿，如果湖南省商办铁路有切实款项，能够按期建成铁路，自然赞成。

载泽也表态支持两湖铁路自办。有中枢大臣的赞成和邮传部、外务部两个部堂的支持，载沣心里有了底儿，于是在次年1月30日发布上谕称铁路商办符合国情。3月，邮传部按照载沣的意思批准湖北京官设立公司。

英、法、德、美四国政府眼见煮熟的鸭子要飞，急急忙忙和大清交涉。四国公使联合造访邮传部，要求徐世昌给个合理的解释，并联合向大清外务部发送照会。外务部将四国照会发给邮传部，邮传部将张之洞与四国银行的借款契约草案移转度支部。载泽对邮传部的做法大为不满，又将皮球踢了回去。

四国政府要求草案落实，大清主张草案不具备法律效力，两方相持互不相让，照会往返了几次。徐世昌离任后，接任的唐绍仪对此事不热心，借款筑路问题就这样被搁置。假如没有多大意外，借款筑路问题会成为过往云烟。

唐绍仪被载沣看作是袁世凯的嫡系，不得不以疾病为由让出位置。盛宣怀入主邮传部，借款筑路一事又生新变。盛宣怀同张之洞一样主张借款筑路，并不看好商人筹款自筑。盛宣怀认为，商人筹款自筑铁路，不过是一纸空言，无补铁路大事；两湖所言的已筹款项完全不可靠，日月迁延，再过三十年铁路也只能停留在纸上、口头；只要对借款筑路加以限制，将支配权抓在手里，外人只有投资的权益；两湖士绅民众固执己见，鼓动风潮，不忠君爱国。

盛宣怀转身与四国银行团磋商，两方有意，进展神速。5月2日，英、法、德、美四国公使照会大清外务部，称中国政府应有施行之责，毋庸再行延搁。外务部将照会转给邮传部，盛宣怀立即上奏，请求将鄂路湘路商办前案取消，以便签字借款。5月5日，主张铁路国有的给事中石长信上奏折,请求将铁路干路收归国有。石长信认为,商办铁路资本不足,枝节太多,难以统一管理,经营管理不善,亏空巨大,以租税为股银扰民害民,不利于国防;主张将铁路干路收归国有,支路交由商办,这样既能方便军事,也能促进实业。

在铁路借债修筑或商办自筑上,载沣只想着铁路干路国有的好处,全然忘了政府没有自建铁路的财力,一旦铁路干路国有,势必要借外款修路,弱国无外交,落不下什么好处。载沣发布谕旨,要求邮传部按照石长信的奏折妥善拟定方法。盛宣怀主持的邮传部自然非常欢迎,请求宣告全国。

5月9日,载沣发布上谕后,宣布铁路国有为既定国策,并将宣统三年以前准许商办的铁路干路收归国有,准许商民兴办支线铁路,之前邮传部批准创立的湖南、湖北铁路公司全数取消。5月22日,载沣再次发布谕旨,称自发布日起,所有川湘两省租股一律停止,4月之前已经收的银款,令邮传部、铁路督办大臣会同川湘各省督抚,详细查明,妥善拟定善后办法,务必使商民无丝毫亏损。5月30日,载沣再降谕旨,要求湖南省停止以修建铁路的名义收取米捐、盐捐、房捐股银及租股股银,查明已经收取的银款,妥善拟定处理办法。

"铁路国有"如同紧箍咒一样加在四省的商民头上。商民兴办铁路投入了大量的银钱,中间周转非常混乱,善后起来困难重重。四川铁路问题最为严重也最难收拾,兴办铁路筹集的款项高达三百多万，为主事的若干人亏空挪用。这么大的亏空要让载沣主持的中央政府认账，实在是太为难人了，仅仅是三百万的银款就足够让掌管大清国库的载泽头疼。

载沣询问张謇、盛宣怀、载泽如何善后。张謇主张从厚从宽，体恤民情，修路的款项出自四川百姓，败坏铁路专款的是四川的士绅，建议在追查士绅责任的同时，由中央政府做出承诺，给予完全赔偿；政府与民众的关系并非商人之间的对等贸易关系，政府有责任照顾民众；政府通过政策收回铁路，目的是贯彻政策收回铁路修筑权，应当让利于民，不与民众锱铢必较；况且四川民众头顶着光绪皇帝的牌位，请求政府归还路款，舆论沸腾，需要审慎抚慰。

张謇的意见有其道理，但是，没有被载沣采纳。盛宣怀主张政府收回铁路修筑权，按照实际支用的数目归还，不承担被士绅亏空的三百多万，这个意见被载沣接受。1911年6月17日，负责铁路建设的邮传部、掌管国库的度支部、具体督办铁路的大臣商议出粤汉铁路的还股办法，并奏报载沣。

在这个方案中，广东、湖南、湖北、四川四省的还股办法各不相同。

广东铁路银款六成还银，其余四成发给国家无利股票，铁路建成获利以后，余利分十年摊还。湖南铁路商人切实筹集的一百万两银款，照本发还。向民众征收的捐股，除用于归还美国赎约经费三百万两外，均充实湖南省事业公共费用，发行国家保利股票，年息四厘，五年以后分十五年摊还。湖北铁路商人切实筹集的银款将归还现银，以发行川汉铁路彩票方式筹集的股银由国家发行无利股票，等铁路兴办获利以后，余利分十年归还；动用的粜捐，除美国赎约经费，其余业已支用的部分发行年息四厘的国家保利股票，五年后分十五年摊还。

四川现存七百万铁路银款，如果愿意入股，悉数换成国家保利股票，五年以后分十五年归还本金，也可以随时抵押，分享铁路盈利。宜昌已经支用的四百多万两银款，发给国家保利股票，宜昌开办经费三十三万及成渝各局支用经费，发给无利股票。士绅倒账亏损的银钱，国家不负其责。这样的还款办法根本不能满足商民需求，执政者颠顸，政府举措失宜，群情汹汹，一场大祸迫在眉睫。湖南士绅、湖南咨议局、各界团体、铁路工人纷纷进行抗议，请求巡抚杨文鼎代为上奏。杨文鼎为了稳定湖南各界情绪代为陈奏。载沣大为不满，颁布上谕斥责湖南咨议局所称各项不但失实，而且近乎要挟；杨文鼎代为上奏与制度不合，应该按照之前的谕旨，切实劝谕各界，商议妥善的处理办法。湖南民情大为激愤，咨议局议员大量辞职，学堂相继停课。杨文鼎如临大敌，巡防队、警察队、侦探队穿街过巷，到处巡逻，严加戒备，防范于未然。庆幸的是，湖南省铁路还款办法，对商人股本损害相对较小，控制防范得力，尚不至于酿成大祸。

广东铁路还款办法的商定颇经波折。盛宣怀原来拟定的广东铁路公司股票换国家铁路股票的方案，遭到公司董事的一致反对，董事们坚持铁路商办。两广总督张鸣岐对度支部、邮传部、督办铁路大臣拟定的铁路股本返还办法提出异议,屡次要求改进,希望按照湖北、湖南两省铁路股本返还办法办理。电文往还,彼此磋商,希望寻觅一个广东商民满意、中央政府也能承受的方法。

1911年9月4日,盛宣怀、载泽会电张鸣岐,称退还全款的建议与之前的谕旨不合,主张铁路股票转换,一定期限后准许换领现银。张鸣岐声称,应该尽快拟定新的广东铁路还款办法,暂时不借外债,否则风潮愈演愈烈不堪收拾。端方也意识到局势的严峻,建议广东铁路限定期限,仍归广东商办。但是打定主意将铁路国有进行到底的盛宣怀并不买账,只同意广东省铁路遵照湖南、湖北铁路方法办理,将省铁路公司股票转换成国家铁路公司股票。张鸣岐接到盛宣怀的处理意见,难下决断,召集下属司道集议,未形成一致意见。好在张鸣岐还算明智,并未一味高压,广东一地风潮不小,幸未失控。

四川省是铁路问题重灾区。一会儿商办,一会儿国有,一会儿又借债筑路,变来变去让四川臣民无所适从。高达三百多万的银钱被主持的士绅败得干干净净,盛宣怀自然不愿接手这笔烂账。

1911年5月15日,川汉铁路驻宜昌总理李稷勋致电成都总公司转咨议局,称铁路国有取消商办是政府自丧信用;路权可以收归国有,但不能以国有为名卖给外国人;倘若转卖外人,四川损失惨重,川民唯有抵死相争;铁路国有可以,民众为兴办铁路花的钱必须照数拨还现银。

5月16日,川汉铁路董事局致电邮传部,请求顺从民意,按照旧旨办理。其后，川汉铁路董事局再次致电邮传部，称按照光绪三十三年所定的铁路干路，四川至汉口的铁路不在其内，要求收回成命，照数拨还现银。盛宣怀对四川铁路董事局的请求不予理睬，视为无理取闹。

载沣下谕旨要求停止征收租股，在宜宾的铁路股东们自然不干，不继续征收租股不仅没办法继续捞钱，就连已经捞到手的银子也要乖乖奉还。股东们认为，租股一旦停止征收，川汉铁路公司立马破产，决定召集会议进行抗争，中央要接收四川铁路可以，等账目清理好了，拟定好具体的办法再交接不迟。四川咨议局呈文护理四川总督王人文，请求端方暂缓接收四川段铁路。王人文见局势紊乱，难以收拾，代四川咨议局上奏，请求考虑川民实际情况，顺应民意，暂缓接收事宜。

载沣心里很不满，认为四川咨议局和王人文不明白谕旨的真意，不清楚四川问题的实质，没有看到铁路专款被士绅亏空侵占达到了惊人的程度。咨议局被品行卑劣的士绅欺骗，才为其求情替他们谋求时间好做假账，王人文对公司的弊端应该心中有数，贸然为其说情不合体统。于是要求王人文将谕旨广泛传布，好使川民周知朝廷的决定，并尽快查明已经征收的租股银款，由度支部、邮传部和督办铁路大臣会同总督商拟妥善的处理办法。

王人文主张对川人怀柔，将现有的七百万存款全数还给四川民众，以稳定大局；被公司股东以倒账名义败掉的款项由国家承担，已用的款项尽数换成国家保息股票，向四川民众表明国家仁至义尽，

四川保路运动中的"水电报"

并无亏欠。

但盛宣怀和载泽不同意承担三百万两的巨额亏空，也不愿将现有七百万的银款分还，只同意除亏掉的三百万外，各股全数转换成国家股票，年息六厘，约定年限从铁路盈利中归还。端方攻击王人文专门附和川民，不能有效裁制，一意沽名钓誉，甚至还有幸灾乐祸的嫌疑，催促赵尔丰迅速到位。

有"人屠"之称的赵尔丰赶到了四川，秉持着载沣多派兵丁、实力弹压的旨意。盛宣怀和端方一方面要求赵尔丰将七百万现银或转为官方股票，或者转为发展事业的资本，一方面收买川汉铁路总公司宜昌总理李稷勋，暗中取得宜昌段的权利。川汉铁路总公司一见盛宣怀等人如此下作地夺取路权，自然大肆抗议，将官司告到载沣案前。

两江总督瑞澂也加入进来。端方、盛宣怀和瑞澂互通声气，彼此支援，上奏折称四川召集会议者是年少无知、喜欢闹事的年轻人，夹杂着众多自日本归来的留学生，名为争持铁路，其实含有不可告人的革命阴谋。载沣认可盛宣怀、端方和瑞澂的意见，发布上谕要求三人妥善协商，严行弹压，随时奏明，不得怠慢。

发个谕旨对监国摄政王来说不算太大的事情，但对几近走投无路的四川士绅来说则是晴天霹雳。8月24日，四川铁路公司召开全体股东大会，声称盛宣怀、端方夺路劫财，诬陷四川士绅，政府不重视四川民众，不信任王人文，不承认光绪皇帝谕旨；号召四川铁路公司股东拒绝缴纳捐税丁粮，拒绝承认外债，商民罢市，学堂罢课。

一时间四川大乱，成都等地相继罢课罢市，局势相当混乱。载沣指示弹压，赵尔丰唯恐激起事变，所以一面弹压一面安抚，并请求允许增募兵丁，遭到载沣斥责。赵尔丰希望中央出主意、内阁想办法，再次上奏陈述四川情形，要求召开内阁会议商拟办法。载沣却认准了赵尔丰，要求赵尔丰承担起责任。

赵尔丰有心弹压却害怕酿成民变，有意让步，又碰到载沣、盛宣怀、端方、瑞澂等人的一再催促。于是下令逮捕四川保路同志会、咨议局、铁路公司的负责人，造成成都全城轰动，民众抱着光绪皇帝的牌位到总督衙门抗议。赵尔丰方寸大乱，命令开枪，致使局面一发不可收拾。同盟会成员龙鸣剑、朱国琛、曹笃等裁木板数百片，写"赵尔丰先捕蒲罗后剿四川，各地同志速起自保自救"的文字，涂以桐油包上油纸投入岷江，制成"水电报"，呼吁四川各地奔赴成都相救，全川登时失控。赵尔丰难以应对，请求从外省调兵入川平乱。

载沣此时才后悔听了盛宣怀的意见，开弓没有回头箭，只能硬着头皮走下去。载沣一面褒奖赵尔丰，一面要求端方率兵入川平乱，对御史陈善同等主张严惩盛宣怀、安抚民众的意见置若罔闻。9月11日，载沣发布谕令，命令学部和各学堂管理人员负起责任，严格督促学生照常上课，不准随意外出，并严禁民众聚众开会，四川所驻各军务必扑灭倡乱匪徒。此时局势已经失控，星星之火竟成燎原之势。载沣只能要求端方尽快前往解围，并令岑春煊前往，协同赵尔丰办理。

岑春煊临危受命,看到事态严重,一面大打感情牌,希望四川民众念几分薄面,一面请求中央改变不承担亏空的态度,按照十成现银归还。岑春煊试图对四川士绅妥协退让平息事态,触怒了盛宣怀、端方、瑞澂、赵尔丰等先前负责铁路善后的大臣,处处阻挠岑春煊入川。邮传部对岑春煊按照十成现银还款的主意嗤之以鼻,载沣缺乏必要的杀伐决断,对朝廷大臣的纷争无可奈何,岑春煊只得托病不前。

载沣主政以后,铁路政策因时而变,时而赎回路权由商自主,时而铁路国有借债筑路,见小利而忘大义,自酿祸端。湖南、湖北和广东三省的铁路公司问题较少,补偿政策和地方政府应对较为合适,才没有酿成巨变。四川民众因朝廷将原本同意交商人自办的铁路干线收归国有,前期的巨额投入打了水漂,已经筹集的现银七百万两又要被政府强行占有,所以极为愤怒。主持四川铁路公司的官绅肆意侵蚀,造成高达三百万两的亏空。为了掩盖罪行,主事者一面鼓动和利用民众,一面又挟持民意同中央交涉,却没料到中央是一群不肯低头的主。财路被断又要被追究责任,走投无路之下索性将事情闹大,以致不可收拾。

载沣、盛宣怀等人缺乏处理民变的经验和智慧,不肯多做让步,一味要求地方督抚弹压,又将民怨极深的赵尔丰派往四川,让事情变得更加难以收拾。逮捕铁路公司、咨议局、保路同志会的主事人员,虽使保路运动一时停滞,却使全川彻底陷入混乱。岑春煊

辛亥革命中的革命军战士

第四章　无可奈何花落去　　*183*

临危受命，意图依靠妥协解决问题，却得不到载沣的支持，只能黯然退却。

不筑铁路国事堪忧，内地边疆几乎有不保之态势。修筑铁路内争外夺，各不相让，立酿惨烈之祸。

## 黯然下台

1911年10月，载沣接到湖广总督瑞澂的奏折。在奏折中，瑞澂称拿获匪目匪党三十二名，缴获军火炸弹多件。载沣相当熟悉革命党人，也深知革命党人的厉害，他自己还差点被几个革命党人刺杀，其中一个便是汪精卫。瑞澂这么能干，载沣自然不吝夸奖，称"该督弭患于初萌，定乱于俄顷"。谁料想谕旨刚发出去，武汉就出大事了，武昌起义中瑞澂落荒而逃，全无督抚大臣的担当。

四川因为铁路问题闹成了一锅粥，湖北新军不愿意放弃这个乱世中的大好机会。眼见要派往四川平乱，害怕一旦异地用兵，革命党人的力量便被削弱。于是瑞澂前脚抓人，革命党人后脚开枪，仓促之间居然拿下了武汉三镇。

四川民乱，湖北兵叛，朝堂一时间定不下主意。优柔寡断的载沣难下决断，只能咨询左右。良弼主张调禁卫军南下，载涛请求率兵平叛。但是禁卫军承担着护卫京畿的重任，而载涛只在国外学过军事，并无统兵打仗的经验，自然都不适合。

载沣只好下谕旨，要求军咨府、陆军部派两镇陆军前往湖北平叛，陆军大臣荫昌督兵前往，节制湖北及增援各军，萨镇冰带领军舰南下，程允和统率长江水师前往增援。载沣如此安排仍不放心，又命令河南巡抚宝棻调第五十二标张锡元部作为援兵前往镇压，两江总督张人骏、江苏巡抚程德全、安徽巡抚朱家宝、江西巡抚冯汝骏等沿江督抚加强防范，京汉铁路沿线督抚加强保护铁路设施。

为加强对军队的控制，防止新军造反，载沣将近畿的北洋陆军和禁卫军重新编排配置。第四镇暨混成第三协、第十一协编为第一军，由荫昌统率赴湖北镇压叛乱；第五镇暨第三镇的混成第五协、第二十镇的混成第三十九协编为第二军，由冯国璋率领待命；禁卫军暨陆军第一镇编为第三军，由载涛率领负责近畿防卫。

荫昌虽然在德国接受过军事训练，但未经历战阵，统率军队力不从心。载涛更为不堪，膏粱子弟上不得战场，不足以担当大任，起用袁世凯平定叛乱的声音应时而起。北洋军将领多为小站旧部，都是袁大帅一手栽培起来的亲信死党。奕劻、那桐、徐世昌等王公大臣也与袁世凯交好，无不认为只有此人才有能力平定乱局。在位诸公要么尸位素餐糊涂应事，要么没有军事指挥才能，载沣无人可用，只能起用袁世凯。

10月14日，载沣任用袁世凯为湖广总督，督办剿抚事宜。袁世凯却并不满足湖广总督的位子，以足疾未愈为由拒不赴任。载沣为情势所迫，不得不于10月18日、19日两次发布谕旨，要求袁世凯迅速调治,力疾就道,赋予节制湖北军队及各省援军、海军和长江水师舰只的全权。

袁世凯并不满足载沣开出的条件,继续稳坐河南安阳。载沣无奈之下,只好派袁世凯的密友徐世昌前往劝说。两人见面后密谋,开出六项条件,包括次年即公元1912年开国会,组织真正的责任内阁,宽容参与人员,解除党禁,授予军事全权,凑足军费等。载沣无力应对危局,只能接受袁世凯的条件。

10月27日,载沣一纸谕旨将国运交给了心底忌恨却又无可奈何的袁世凯。在谕旨中,袁世凯被任命为钦差大臣,获得支配平乱军队的全权,湖北及邻近各省督抚必须配合,陆军部、军咨府不能干预,原本由荫昌掌握的第一军回到了袁世凯的亲信冯国璋手中。

载沣以宣统皇帝名义发布罪己诏,坦率承认用人失当,致使四川铁路问题引发民乱和广东、湖北新军迭次叛乱,承诺实行宪政,改革法制,废除满汉藩篱。

随着战争中军队分量的加重,军人干政的苗头开始出现。10月29日,清军第二十镇统制张绍曾、第二混成协统领蓝天蔚等将领联名奏请解散内阁,由资政院制定宪法。与此同时,资政院上奏请求重定宪法,开放党禁,解散亲贵内阁。

载沣接受了意见,迅速颁布谕旨,要求溥伦等人遵照《钦定宪法大纲》拟定宪法条文,交资政院审议,由皇帝过目后颁布施行,并下令赦免戊戌变法以来因为参与政变和革命、惧罪逃匿、被民乱和兵乱裹挟的人员。对于取消现行内阁章程和皇族内阁,载沣也以尊崇皇室、巩固国基的名义接受，等事态平息后组织真正的责任内阁，不再以王公亲贵充任国务大臣。

张绍曾等将领不满意载沣的表态，认为推行宪政的诚意不足，等待事态平息再行组织有敷衍的嫌疑，要求立即取消宪法大纲，改由资政院制定宪法，并附上所拟的纲领十二条。

张绍曾等人拟定的政治纲领中，国会将于本年内召集，起草宪法，议决后以皇帝名义颁布；国会选举内阁总理大臣，以皇帝名义任命，由内阁总理大臣推举并任命国务大臣，皇族永不得出任内阁总理大臣和国务大臣；议院议员由具有法定资格的国民公选，军人对宪法、国会选举法及国家要事有参议权；年度预算未经国会讨论通过，不得遵照前年预算开支；皇帝万世一系，有颁布但不得否决宪法的权力，有缔结由国会议决的国际合约的权力，有统率海陆军的权力，权力行使必须遵照国会制定的宪法。

张绍曾一面致电军咨府请求代为转奏，一面截留南下平叛军队的军号，准备进兵南苑。载沣对张绍曾等人的强横毫无办法，只能接受。

与此同时，袁世凯进行了军事部署，清军迅速行动起来，冯国璋督师南下，打破湖北的军事僵局。一场大战下来，清军攻占了汉口，大火烧毁房屋无数。革命党人以新编队伍对阵久经操练的北洋军，吃败仗是必然。各地的革命军陆续赶往武汉增援，清军进行了针对性布置。

革命党人在黄兴主持下发动进攻，无功而返。清军进行反击，军舰配合炮击，革命党人不断后撤，形势对清军有利。袁世凯出山后局势为之一变，乱世枭雄和治世能臣的本色显露无遗，令载沣和文武百官叹服，也坚定了汉人支持袁世凯倾覆大清的信心。

11月1日，载沣降谕旨宣布解散亲贵内阁，解除载涛的军咨大臣职务，并授命袁世凯为内阁总理大臣，命令其组织责任内阁。11月3日，载沣批准并颁布了经过资政院一番润色的《宪法重大信条十九条》，由国会选举内阁总理大臣。资政院通过无记名投票，选举袁世凯为内阁总理大臣，载沣以皇帝名义批准。同时开去毓朗，任命徐世昌为军咨大臣，发布谕旨将近畿各镇及各路军队交由袁世凯调遣。

袁世凯接到上谕后心花怒放，表面上还假惺惺地请辞，两次以退为进攫取最高政治权力。载沣无奈只能配合袁世凯演戏给天下人看，发布谕旨命令袁世凯勉为其难，以公忠体国的诚心接任内阁总理大臣。11月16日，袁世凯终于不再推辞，提出了新的内阁人选。新的内阁名单中，外务部大臣仍为梁敦彦，学部大臣仍为唐景崇，其余的全数换掉。内阁各部正副大臣，汉人居十七，满人仅有三人，袁世凯的亲信占据要职。

袁世凯虽然取得了清政府的实权，但是他的目的不是消灭革命党人，而是利用战场上的优势逼迫革命党人低头，向载沣要好处。攻占汉口后，他派人前往武昌与革命党人商讨和平，可惜革命党人不愿相商，恶语相向。袁世凯不在乎这些意气之争，转而与英国驻华公使朱尔典会晤，由其出面沟通南北和谈。

袁世凯一面利用武力和外国势力迫使革命党人服软坐到谈判桌前，一面逼迫载沣再次做出让步。11月22日，袁世凯当面奏请停止奏事入对，称除按照内阁官制召见国务大臣，其余召见暂时停止；总理大臣有事情可奉诏入对，并可随时自请入对，但不必每日入对；国务大臣按内阁官制有具奏权，其余各衙门有应奏事宜需由内阁核办代奏；与皇室有关的事务仍由内务府、銮舆卫、钦天监等按照旧例奏对，须有内务府大臣署名并知照内阁；各部例行及大臣专行事件毋需上奏；由奏事处的传旨均暂停止；内外奏折按照旧例均需呈递内阁，由内阁拟制进呈。载沣无奈只能应承，堂堂的监国摄政王被割断了同百官臣僚的联系，权力被装进了笼子里。

袁世凯拿回了军队的控制权和政治的主动权，在战场上纵横捭阖，又割断了载沣同中枢要员、各省督抚的联系，还不满足，又把手伸向了载涛掌握的禁卫军。袁世凯要求载涛率兵出征，载涛没有实际作战经验，惧怕之下拱手让出禁卫军的指挥权，并自请撤销第三军名目。徐世昌取而代之，代替载涛做了禁卫军训练大臣，解除了皇族的军权。

载沣待在监国摄政王的位子上，不利于彻底掌握局势，袁世凯便在隆裕太后面前夸大革命党的力量，并称革命党人要求政治改革，摄政王退位方肯接受调停。受袁世凯收买的太监总管小德张极力怂恿，隆裕太后最终心动。载沣眼见大局已定，无力回天，只能引咎辞职。

12月6日，载沣向隆裕太后奏称，自从摄政以来，个人才智平庸，加之用人失当，导致国家糜烂，恳请辞去监国摄政王之位，从此不再干预政事。隆裕太后只能接受，发布懿旨称载沣性情宽厚，谨慎小心，虽一心求治但济变乏术，受人蒙蔽才会贻害群生，准许辞去监国摄政王之位，归藩修养。

载沣辞去了监国摄政王，回到醇亲王府，卸下千斤重担，大权落入袁世凯手中。1912年1月1日，中华民国临时政府在南京宣告成立，颁布了一系列革新措施。南北和谈也在紧锣密鼓地进行，袁世凯最终成为赢家，终结了入关二百余年的大清朝。

当大清的龙旗缓慢降下时，载沣已经安心地在醇亲王府静养，对宗社党的复辟活动不感兴趣，对御前会议上哓哓不休的开战声浪也默然对之。他大概看出了民心所向，看出了几年来纷乱的政局的根源就在于亲贵干政和满汉离心。他希望的是战争双方和谈，国家尽快走出动乱的深渊。

当年，慈禧太后立载沣为监国摄政王，肯定想不到大清朝会在他的手中终结。大清以摄政王入主中原，开始漫长的统治，又以摄政王终结，不是慈禧太后乐见的王朝兴衰史。载沣缺乏政治智慧和驾驭群臣的能力，处理政务捉襟见肘，疲于奔命，最终不得不黯然下台，政治生命基本终结。

# 第五章 下台后的风雨

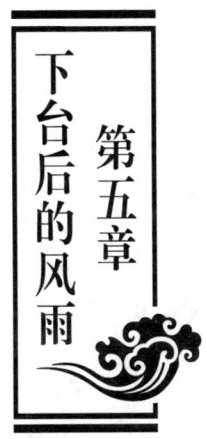

## 闭门索居

1912年,当大清让出全国政权时,载沣已经不再是监国摄政王,亡国的历史责任没有由他承担,留给了发布退位诏书的隆裕太后。隆裕太后的退位让国家避免了大规模的内战,百姓短时间免于生灵涂炭。但是大清毕竟退出政治舞台的中央,龟缩在紫禁城,仅维持着一个名义上的小朝廷。

这个慈禧太后临死之前托孤的侄女,宣统皇帝名义上的母亲,曾经的大清一代国母,自认为犯下了无法饶恕的错误。是自己,没有阻止革命军的反叛,没有留住一个大清的国祚,没有保住幼年皇帝的皇权之路。

溥仪的请安,隆裕太后总是无颜面对,她深恨自己的无能、无奈与无助。身边太监和王公贵胄的唉声叹气,更使她心如刀绞。她每日以泪洗面，心思飘摇不能沉静，茶也不思饭也不想，无法排解心中的落寞，亡国的罪责和对列祖列宗的愧疚彻底压垮了她。

1913年2月22日，也就是发布退位诏书后一年左右，隆裕太后在极度的痛苦和悔恨中离开人世，享年四十五岁。据弥留之际伴侍在侧的前军机大臣世续回忆，隆裕太后临死前感慨："孤儿寡母，千古伤心，睹宫宇之荒凉，不知魂归何所。"袁世凯举行了民国的第一次国葬，却是为了退位的太后，既表达了旧臣的愧疚之心，也表达了新朝的致敬之意。

载沣对亡国没有那么伤心，这源自他豁达的秉性和对政治的淡漠。中华民国开始了，溥仪依然住在紫禁城，享受着民国的优待条例。载沣作为溥仪的生父，时刻关注着时局的发展，担忧着逊清皇室的存亡。虽然不可避免地卷进民国政治的旋涡，但从他的本愿和初衷讲，远离政治做一个安泰平顺的王爷才是人生最大的追求。

清朝已经退出了中央政治舞台，遗老遗少们不能接受历史的落寞，挖空心思准备复辟。载沣的嫡福晋瓜尔佳氏就很积极，荣禄的这个女儿嫁给载沣本身就是一桩政治交易，有着极强的政治渴望，对清朝的退位心有不甘，从王府账房支取大量的金钱，结交各类政客和遗老遗少。从子女懂事起，瓜尔佳氏不遗余力地向他们灌输恢复祖业，要求他们牢记自己是爱新觉罗的子孙，是真正的天潢贵胄，是曾经的王者至尊。

载沣不相信瓜尔佳氏会成功，只是冷眼观之。夫妻间不同的追求，在复辟的问题上表现得尤为突出。瓜尔佳氏最常教导子女的一

载沣与家人合影

句话，就是"好好做人，好好读书，好好地辅佐你们的哥哥，不要像你们阿玛那么没志气"，直至临死前说的也是这句话。

复辟违背历史潮流，终究是黄粱一梦，不仅徒劳无益，还会招来更大灾难。载沣可以忘情于政治，但政治的旋涡却随时会卷走他和留在紫禁城的儿子，他最关心、最想为之努力的是保住溥仪的逊帝地位和民国的优待条例。为了这个目的，机关算尽，与各式各样的政治人物保持着友谊。

从监国摄政王的高位退下来，回到醇亲王藩邸，载沣没有多少抱怨，标榜的是"有书真富贵，无事小神仙"那般乐天知命的生活。他非常孝顺，讲究礼仪，生活有规律，从来不逾矩，践行着烦琐细致的礼节。

每天早上，第一件大事就是给额娘磕头请安，听刘佳氏训话。儒家的晨昏定省是必备的礼节。完成了这项大礼，载沣就在大书房宝翰堂洗漱，吃早点，然后读书看报。直到中午，载沣才回到王府内院陪福晋用膳。

午饭后，载沣会睡上一段时间，补充精力，下午又回到宝翰堂读书看报，直到晚饭时才返还内院。晚饭后的活动比较丰富，有时去看戏，有时和家人玩纸牌、听唱片，有时还在王府内转一下，更多的时候还是回到他的大书房，继续读书看报写日记，直到深夜。

退居藩邸的日子里，读书和藏书成了载沣最大的爱好。王府内藏书很多，有传统的经史子集，《资治通鉴》是常读之书，也有新发行的报纸和期刊。载沣反感清宫秘史一类的传闻，一概贬斥，说那是瞎编，与事实相悖甚多，读了只会惑人心智。

在陆军贵胄学堂学习的经历令载沣一生难忘，他对自然科学，尤其是数学和天文学有着浓厚的兴趣。不仅购置相关书籍，有时还把所学用于实践。夏夜乘凉时，载沣会给子女指认天上的星座，讲出一段有意思的故事。如果报上说有日食，载沣还会和子女做好准备，把玻璃片放在蜡烛上熏黑，透过这个玻璃片观察日食。

载沣一直坚持用工笔小楷书写日记，记录着他的惨淡人生。日记里有对子女们的担忧，也有与宗室眷属、旧日臣僚和亲朋好友的往来。载沣还会把日食和月食的情况详细记录下来，附上简单的工笔绘图。

载沣性格平和宽厚，很少过问仆人的过错。如果有过错必须由他处理，通常只是申斥两句。他言语不多，很少与人攀谈。即使和两个弟弟在一起，也是两个弟弟讲，他在旁边听。据仆人和亲属回忆，载沣说话慢条斯理，很少疾言厉色，遇到紧急情况时会不自觉地口吃。

醇亲王府的日常事务，长久以来都由生母刘佳氏掌管，瓜尔佳氏偶尔参与。1925年，刘佳氏去世后，载沣依然很少涉足具体的管理，即使有正式的书面报告呈送，得到的也是按照惯例办理，很少特别批示。一成不变的言辞、一如既往的平静是载沣追求的生活。仆人们倒是容易当差，没有额外吩咐，只要做好分内事就好。

清帝退位后，各大王府随之没落，管理明显松懈，财富被太多人觊觎。失窃事件一直没断过，而且越来越猖獗。载沣仅仅要求管事人员加强管理,很少追查偷窃赃物的内神外鬼。连他的大书房宝翰堂丢失东西,也可以照例在里面读书写字,似乎一点儿不影响心情。如果有人询问书房摆件的去向,载沣会很淡定地讲是某某人所拿。

载沣不喜欢看病,无论是中医还是西医。但碍于亲友劝导,尤其是宫里派来御医时,他也会勉强接待。无论开什么药都会倒掉,然后回头说药效也不错。他的人生信条是"死生有命,富贵在天"。

载沣越来越像他的父亲奕譞,对人生,对生命,载沣有一种宿命论的情怀,听之任之,随遇而安,不求积极抗争,只愿消极防守。

## 总统会亲王

无论是大清的王公亲贵,还是革命者,在1912年之前都不可能想到清室首脑和革命领袖会进行亲切友好的攀谈。在清政权被推翻后,这一切逐渐有了可能和必要。

载沣代表着清皇室和满族亲贵,孙中山代表着革命者,双方选择合适的时机,以能够接受的形式,在恰当的地点进行一次亲切友好的会面,无疑将为这一切打下良好的基础。为此专门安排的舆论宣传,将有利于安抚王公亲贵和普通民众,发挥皇室联络和友善边疆民族的功能,消除革命者和民众的盲目反满情绪。

载沣辞去监国摄政王的尊位,卸下肩上的重担,回到醇亲王府,过上了平静的生活。孙中山辞去临时大总统后,四处奔走,呼吁国人巩固共和。1912年8月23日,孙中山抵达天津发表演讲,受到各界群众的热烈欢迎。逊清皇室对孙中山北上巡讲从猜忌、不安、恐慌逐渐转变为接受。载沣与奕劻等皇族要员紧急磋商,绍彝作为代表在天津时刻观察着孙中山的一举一动,绍英作为皇室在北京的联络员,为双方的会面做准备。

1912年9月4日,绍彝发给绍英一封信函。信函中写道,各界均表示欢迎孙中山的北上演讲,皇族不表示拥护非常不妥;清帝退位同以往朝代更迭不同,皇族同民国的关系也大不一样;邀请孙中山进行会面,对缓解清室皇族同民国各界的关系大有好处,也对旗人日后的生活大有裨益。

这次会面和商谈由世续、溥伦和赵秉钧妥善协商,地点安排在醇亲王府,皇族代表人选为载沣,不久孙中山接受了邀请。

1912年9月10日,载沣按照惯例午睡后,便早早地做好会见孙中山的准备。下午三点多,袁世凯的亲信步兵统领江朝宗先到醇亲王府,为接下来的会面做准备。不久,孙中山在马队的护卫下乘车抵达,载沣在宝翰堂前恭候,面带微笑迎接。两人略作寒暄后步入堂内,分宾主依次坐定。

意气风发的孙中山首先畅言,称赞载沣1901年以御弟的身份代表国人向德国皇帝赔礼道歉,在尴尬和被动之中做到不卑不亢,为国际舆论所称道;辛亥年不恋栈,自动退位,承认共和,力主和平，使中国避免一场血战，是具有政治智慧的明智之举；身为皇帝的父亲、大清的监国摄政王，能将国家和民族的利益放在首位，难能可贵；此举有益革命，颇有政治远见，今后于共和基础之上，大家齐心协力，共致国家富强。

载沣对孙中山的态度，逐渐由客套和敷衍变得有些感动，为孙中山能认可自己出使德国时的微劳和辛亥年的决断感到由衷欣慰。

然而这次会谈毕竟不能敞开胸怀恣意畅谈，江朝宗的存在总让会谈处于一种微妙的气氛中。孙中山慷慨激昂地表示，要全身心地致力于国家建设，兴办铁路，实业救国，效法西方走振兴国家之路。载沣明白这话是说给不在场的袁世凯听的，对于兴办铁路和实业救国的难处，自然比意气风发的孙中山明了得多，这个场合仅仅静听而已。

会谈将近结束，孙中山特意赠送载沣一张半身照片，背面题有"醇亲王惠存，孙中山赠"。照片小而含义大，曾经的革命者同前清统治者相逢一笑泯恩仇，达成和解，自此四海之内皆兄弟。载沣小心地保存着这张照片，这不仅仅是孙中山的赠礼，也是革命者同皇族达成谅解的象征。

两天后的9月13日，载沣按照礼节，在江朝宗的陪同下前往孙中山临时寓所石大人胡同行馆回访。其间的寒暄自是难免，客套也少不了，具体谈些什么并不重要。交浅言深，自是世间常态；流于形式，乃是情理必然。这样的交往颇具礼节性和戏剧性，在外人看来就像一场演出。

孙中山标准像

孙中山按照约定辞去临时大总统的职位，但在国人眼中还是革命者的领袖，中华民国第一位最高领导人，始终处在舆论的焦点。同前清皇室之间的会面，特定的政治意味不可避免，却也因为在野的身份多了一些自在和随意。

载沣遵守政治游戏的规则，引导清室和平禅位，在时人眼中颇受关注。谁都想知道清室对中华民国究竟是何态度，曾经的大清监国摄政王如今究竟是何心态。

一次场面宏大、气氛和谐的会见仪式这样开始，又落下帷幕。革命党与大清皇室这对冤家已经不再势同水火，而是相忘于江湖，不变的是中国未来的领导权依然在争夺。也许旧秩序破坏、新秩序尚未确立的中国，注定要遭受多种磨难才能走向成熟。政治的良性互动未能及时建立，旧有的民族联系未能得到很好的利用和维护，国家不可避免地陷入一片混乱。

## 复辟风云

辛亥革命后的中国没有实现孙中山、黄兴等一大批革命者的梦想，各种各样的野心家像雨后春笋般冒了出来，上演着一幕又一幕令人心痛的闹剧，让中华大地多灾多难。多难兴邦，殷忧启圣，未必在每个时代都通行。载沣既是一个看客，也是一个心怀忐忑的被迫参与者。

为了巩固权力和笼络皇室，袁世凯向载沣伸出了友谊的小手，多次做出不计前嫌的姿态，载沣也不时加以回应。无论两人内心怀着什么样的心思，至少在表面上，遵守着政治游戏的规则。袁世凯对载沣恭敬如故，逢年过节，总会派专人奉上一桌山珍海味。载沣礼尚往来，也会回敬一桌。但两个惜命如金、生怕对方在饭菜里做手脚的人，欣然接受后都原封不动地处理掉。

新生的中华民国陷入混乱，权欲熏心的袁世凯触犯民主政治的底线，毫不理会革命党人拼了性命的抗争，彻底地走上了大独裁者乃至帝王复辟的道路。革命党不满充当政治配角，甚至被人无视的命运，想要在政治舞台上占有一席之地。甚至不等宋案真相大白，即诉诸武力，掀起二次革命。北洋集团依靠强大的武力和南北议和以来的执政合法性，牢牢控制全国局势。革命党无法与之抗衡，注定被镇压。

对南方革命党人的胜利，让袁世凯忘乎所以，完全忘记了初心——"永不使君主政体再行于中国"，更加迷信手中的权力和武力。用流氓手段当选第一任正式大总统后，竟然以叛乱为由禁止国民党活动，驱逐国民党议员，解散具有民意基础的国会。

1915年冬天，袁世凯称帝进入高潮。为了拉拢载沣，袁世凯要和他结成儿女亲家。在袁世凯遣来的说客面前，载沣尴尬地张着嘴愣住了，进退两难之际，不得不连说了几声"好"。无奈答应后，赶紧与世续进宫，同几位太妃商量，大家都认为形势比人强，没有办法不答应。

12月12日，沉醉在权力迷梦之中的袁世凯，在错误的时间、错误的国度，做了错误的决定——当皇帝！同日，载沣命世续、绍英向袁世凯上了一份函文，表示拥戴他做"中华帝国"的大皇帝。至于真不真心，那就很难讲了，多半都是"人在矮檐下、怎敢不低头"的无奈之举。

当了皇帝的袁世凯假惺惺地申令，凡旧侣及耆硕故人，均勿称臣，载沣也在所谓的旧侣中。袁世凯还想改封溥仪为懿德亲王，被辫帅张勋"请求保存清室帝号，待旧君以客帝之礼"的电报打消了念头。

尽管袁世凯费尽心思，笼络人心，但是司马昭之心路人皆知。逆浩浩汤汤大势而为，妄想靠小恩小惠和手中武力堵住悠悠之口，难以让天下俯首听令！

袁世凯露出了狐狸尾巴，是人生的最大败笔。一石激起千重浪，不提对袁世凯恨之入骨的一众遗老遗少和虎视眈眈的列强，单是北方的官僚集团和南方的革命党人就让袁世凯吃不消。尽管双方因权力分配矛盾重重，但在反对帝制、维护共和这一点上高度一致。毕竟谁也不想自己当了半辈子奴才，好不容易直起腰，呼吸几口自由的空气，转眼间又要低眉折腰，继续做奴才，甚至让子子孙孙当某家某姓永远的奴才。清帝退位后，独裁者都会把黄袍当衬衣穿，而不是当外衣穿。敢有帝制自为者，天下共击之，全民共讨之。

袁克文曾写诗劝导其父不要称帝："乍著微绵强自胜，阴晴向晚未分明。南回寒雁掩孤月,西去骄风黯九城。驹隙留身争一瞬,蛮声吹梦欲三更。绝怜高处多风雨,莫到琼楼最上层。"无奈好话难劝该死鬼,袁世凯还是走上了不归路。

千夫所指,顽疾缠身。袁世凯只做了八十三天的皇帝,便在一片反对声中暴病而亡,结亲的事情不了了之。"洪宪皇帝"成为世人茶余饭后的谈资,难逃历史车轮的碾压。护国运动能让一个袁皇帝的权力迷梦破灭,却不能让诸多野心家彻底放下屠刀。天地不仁,以万物为刍狗。你方唱罢,我就登台,迷了心窍的弄权者丝毫不顾及老百姓的死活。

黎元洪继任总统,段祺瑞又当了总理,《中华民国临时约法》和旧国会得以恢复。每当元旦、溥仪生日和其他重大节日,载沣都向二人赠送肴馔,保持对当权者的友善。黎元洪和段祺瑞做过清朝臣民,对清室非常尊敬,愿意提供保护。

天下已经大乱,军阀割据愈演愈烈。民国的军阀割据是晚清留下的毒瘤,远溯湘淮军势力的异军突起,近溯新军编练。遍布各地的新军在辛亥革命的大潮中纷纷起义,成了大清的掘墓人。在中央财政吃紧,无力供养军队,各省新军不得不自筹经费的大背景下,逐渐蜕变为军阀。军阀割据的局面在民国初年,特别是袁世凯去世后,成为一种常态,给近代中国造成了沉重的灾难。

究竟实行总统揽权的总统制,还是总理主政的内阁制,两人闹得不可开交。最终围绕着是否站在协约国一边,是否参加第一次世界大战,是否对德断交宣战,沉埋已久的矛盾彻底爆发。段祺瑞策

复辟期间的溥仪

划武力推翻黎元洪、解散国会，黎元洪反手一击，下令免去段祺瑞国务院总理职位，请远在徐州的张勋来京调停。

民国成立后，张勋的部队一直留着辫子，驻扎在江苏一带，人称"辫子军"。借调停府院之争，张勋率领辫子军回到了阔别已久的北京城，准备大干一场。请神容易送神难，黎元洪面对混不吝的武人，毫无办法，只能乖乖解散国会，逃之夭夭。

7月1日凌晨1时，中了复辟余毒的刘廷琛、康有为、沈曾植、王士珍、江朝宗等，在"辫帅"带领下进入紫禁城，恭请逊帝溥仪复辟。尽管载沣斥之为"胡闹"，但满脑子"我大清"的小皇帝和遗老遗少患上了严重的妄想症，再次亲临三大殿，发布了昭告天下的复辟圣旨，仿佛进入临死前的狂欢。瓜尔佳氏也欣喜若狂，早早地帮载沣把朝服准备妥当。载沣依然安静沉稳，没有积极地劝阻，也没有积极地附和。

张勋任命中央官员，议政大臣、内阁阁臣、各部尚书、弼德院正副院长均由汉人担任，明确下了一道禁止亲贵干政的圣旨。王公亲贵很愤慨，纷纷找载沣商量，醇亲王府又成了一群贝勒贝子们的中心。这群把大清搞亡国的亲贵整日聚在一起寻找对策，要和张勋理论。

逆时而动，张勋复辟注定"竹篮打水一场空"。穿上大清朝服争相亮相的遗老遗少，沦为看客眼中的小丑。达到了驱逐黎元洪目标的段祺瑞，7月3日在马厂以讨逆军总司令名义发表通电，与时任副总统的冯国璋联名，声讨张勋八大罪状，组织"讨逆军"。7月12日即攻入北京,辫子军投降,张勋跑到荷兰使馆寻求庇护。

溥仪只当了十二天的皇帝,随着张勋的辫子军败北再次退位。这场闹剧如何收场,实在是一个令人头疼的事情。溥仪的师傅陈宝琛拟定了退位诏书,中间有"惟据以救国救民为词,故不得已而允如所请,临朝听政"等迁就之词,把大部分责任推给了张勋。

躲在荷兰使馆的张勋凭借着手中各方军阀之前发来的支持复辟电报,狠狠地玩起了敲诈,搞得张作霖这样的一方大佬,也不得不出面呼吁对张勋宽大处理。尽管南方的革命党人对复辟极为不满,要求将小皇帝溥仪赶出去,跟逊清皇室渊源颇深的北方军政大佬,如段祺瑞、冯国璋、张作霖等人坚决不同意。最终大事化小,虽有愆违,不当严惩。毕竟民国还要靠清皇室的牌子维系同蒙古、西藏、青海和新疆的联系。逞一时之快,为了省点钱,把小皇帝驱逐出紫禁城容易,给虎视眈眈的俄国、英国、日本等插手边疆事务的机会,才是后患无穷。

如果说袁世凯当皇帝不过是黄粱一梦,那张勋搞复辟就纯粹是一场闹剧。犯了权力狂热症的野心家总是不知道适可而止,总想在追逐最高权力的道路上纵马扬鞭,恣意驰骋,全然不顾后果。于是派系斗争、军阀混战接踵而来,中华走向彻底的混乱无序。

## 约束小皇帝

　　载沣是溥仪的生父，按照血缘讲最近；隆裕太后是溥仪的嫡母，按皇室伦理讲最亲。大清交出全国政权，隆裕太后紧紧地掌控着宣统小皇帝，不想他人插手内廷之事，所以一直没有给载沣安排宫内职务。载沣个人也遵从懿旨和成例，较少去紫禁城。直到隆裕太后感到自己将不久于人世，年幼的溥仪需要生父的保护和教诲，才下了懿旨让载沣时隔一年之后再次进入紫禁城，主管小朝廷事务，约束躁动不安的小皇帝和一众遗老遗少。

　　虽然有了正式的名分，载沣还是很少进宫。二人名为父子，公开场合从来没有以父子相称，只是在内室才以家礼相见，无论是在溥仪年幼时还是在成年后，溥仪总是称载沣为王爷，载沣称溥仪为皇帝，这是一种尊卑长幼的体现，恰如冠履不可倒置。

　　溥仪在宫中有名义上的母亲，隆裕太后去世后是四太妃，即光绪皇帝的瑾妃和同治帝的三个妃子。瑾妃排序第一，被称为端康太妃。溥仪每天向四个额娘叩头，一成不变地晨昏定省。只是随着溥仪长大，越来越任性和顽皮，越来越不听四太妃的教导。

　　1921年，端康太妃辞退了一个御医，惹恼了渐渐成年的溥仪，当众被顶撞了几句。端康太妃直接被气晕，全身瘫痪，三个月才好。其后冲突加剧，端康太妃直接把瓜尔佳氏和刘佳氏召进宫，自己端坐在永和宫大殿内，让两人在殿外跪了一个上午。其间，端康太妃多次训斥瓜尔佳氏没有教育好溥仪，并斥责她拿了宫内财物搞复辟，完全是中饱私囊。

瓜尔佳氏和刘佳氏被罚跪后，只能到养心殿劝说溥仪，让他赔不是。溥仪看到憔悴的生母和祖母，也不再任性，去永和宫道了歉，才算勉强让端康太妃心里舒坦些。瓜尔佳氏回到醇亲王府，感觉人格受到了极大的侮辱，愤恨之下将鸦片掺着烧酒和金面吞下去。

瓜尔佳氏挣扎着在醇亲王府各处巡视一圈，又到各屋看望了子女和仆人，还特意看望了载沣和母亲刘佳氏。粗心的载沣竟然没有发现异常，还在独自看书写字。等到瓜尔佳氏踉跄地回到房内，药性完全发作，身体急剧地抽搐，仆人赶紧通知了府内的上上下下，载沣一听立刻慌了神，起初找来了中医，实在没办法才找来西医。大夫诊断后，都说太晚了，已经错过了治疗时间。载沣听到结论，一边哭一边语无伦次地指着妻子，一句完整的话都说不出。两个仆人赶紧扶着载沣坐在椅子上。临终前，瓜尔佳氏两眼直直地瞪着家人，叮嘱载沣好好照顾几个孩子，溥杰要好好读书，帮助哥哥恢复祖业。

瓜尔佳氏带着无限的遗憾离开了人世，府内众人哭成一片。溥仪从宫中听到消息，火速赶往醇亲王府，跪在母亲灵前放声大哭，郑重其事地磕了三个头，然后问询死因。载沣说是脑溢血，溥杰说是脑中风，说法不一引起了溥仪的怀疑，不过终究没有得知真实的答案。

王公贵族和仕宦官僚纷纷来吊唁，醇亲王府白茫茫一片，举办了一场规模宏大的丧礼。宫内几个老太妃打发太监询问死因，载沣都没敢说，只是让府内统一口径说中风而死。

府内的事情不让载沣省心，宫内的事情也是麻烦一大堆，尤其是溥仪的教育。传统的教育自不可免，融入世界的英文教育也是必需。英国人庄士敦成了溥仪的英文老师。

庄士敦早年在牛津大学读书，对东方古典文学和历史颇有研究，后来在香港和威海卫等地任官员，讲得一口流利的官话，深谙中国人的内心世界和官场运作。通过皇叔载涛和大总统徐世昌的关系，庄士敦正式进入紫禁城，成为溥仪的英文老师。

这在遗老遗少中掀起了不小的波澜。思想保守的王公大臣说，溥仪学习叽里咕噜的外文是以夷变夏，蓝眼睛的外国人教皇帝外文没安什么好心。作为掌管内廷事务的一把手，载沣在这个事情上展示了开明，驳斥了反对者。

载沣确实有开明的一面，也不排斥新生事物。他的藩邸最早安装电话、电灯，最早使用汽车。但是这种开明，有时让人无法理解。比如，他对自然科学感兴趣，却对电的使用有莫名的恐惧，安装的电灯只允许自己用，禁止子女用，因为害怕他们触电。子女每天照例用蜡烛照明，插电的插座用纸糊得严严实实。

溥仪听到庄士敦讲述电的好处后，命令内务府在养心殿安装一个电灯。载沣听说此事，特地跑到紫禁城准备说服。溥仪反问道，为什么王爷可以安，自己作为皇上不可以安？接着更是大发雷霆，强令内务府安装电灯，载沣只好唯唯诺诺地退回藩邸。

成长中的溥仪

载沣接受新生事物的限度，在溥仪、溥杰兄弟俩的留学问题上表现得尤为明确。溥杰是载沣的次子，也是溥仪的兄弟和伴读。庄士敦教授溥仪和溥杰英文的同时，也讲授外面世界的精彩。两个少年越听越感兴趣，最终按捺不住好奇心，有了出国留学的想法。只是这个想法不能被别人知道，准备也在秘密地进行。

首先要有大量的钱财，解决出国和留学过程中所需要的花费。每天放学后，溥杰大摇大摆地拿着溥仪赏赐的名录和书画从宫门走出去。这些书画真品被卖到琉璃厂，兄弟俩手里有了大量的私房钱。资金准备差不多时，开始谋划具体的出洋计划。

如何走出紫禁城是一个大问题。兄弟俩先请庄士敦帮忙，恳请他帮助离开。也许怕溥仪出走影响教学，也许怕辜负徐世昌委托照料小皇帝的重托，也许觉得小皇帝出国本身是一个政治事件，自己人微言轻，筹划不周可能陷入旋涡，庄士敦明确拒绝了兄弟俩的请求。

荷兰驻华公使欧登科知道了溥仪的留学意愿，主动提出帮助。溥杰赶到荷兰驻华公使馆，与欧登科商定好逃离皇宫的时间、路线、方式。

1923年2月25日，这一天北风刮得厉害，仿佛知道小皇帝要离开传统的皇宫，走向外面的世界。溥杰早早赶到皇宫，溥仪逐一收买随身太监，无一例外地要他们不要泄露消息，随身太监也无一例外地点头称是。

当五百两白银分发完毕，所有的贴身太监都有了意外赏赐，严格意义上应该说是贿赂。溥仪认为钱的力量可以征服小太监,也相信自己一言九鼎的金口玉言可以震慑他们。兄弟俩为自己周密的计划得意,以为大功即将告成。谁承想到有太监走漏风声,上报了宗人府。大臣们急忙顶着北风,在茫茫夜色中赶往醇亲王府。

载沣听到这个消息,不由自主地急躁起来,连说了几声"走"就上了马车。一进紫禁城,就传令关闭各宫门,全城戒严,任何人不得擅自出入。当紧张的传令声回荡在紫禁城上空,小皇帝的留学梦彻底破灭。兄弟俩被周围的小太监团团围住,坐在养心殿愣愣地发呆。

载沣走入养心殿,严厉地询问溥仪是否要出国。旁边的溥杰看到气急败坏的父亲,吓得头都不敢抬起来。溥仪倒是非常镇定,矢口否认。载沣明确地告诉溥仪,出国绝无可能,作为皇帝,不应去留洋,而应该在紫禁城接受教育。学习西方的语言是必需的,但不可学习太多。溥仪默默地听完这些,没有任何回应,心中却是大大的不满。

很多人说,载沣之所以阻止溥仪和溥杰的留学计划,更多地来自对清室优待条件的担忧。如果小皇帝出走,优待条例可能被修改,甚至被取消。优待条例的五百多万白银中,有给载沣的五万两,载沣正是担忧损失银子,才会阻止兄弟俩的留洋计划。

这点分析不能说没有道理,但是理由远远不止这些。载沣的心中,最关注的还是兄弟俩的安全。在中国,上有北洋政府高官徐世昌、段祺瑞和黎元洪等人的庇护,下有清室内务府和遗老遗少的随时侍奉，紫禁城外面专门有一支八旗子弟组成的内城护卫队，专门负责小皇帝的安全。留在紫禁城，溥仪的安全受到严格的保护。一旦留洋海外，陌生的环境里，随时会有突如其来的危险。

另外，清室的皇子和皇帝教育非常完善。载沣是正宗的天潢贵胄，倾向于传统结合现代的方式教育溥仪，使之成为一个合格的好皇帝。去海外必然与父母之邦有所疏离，这不是载沣愿意看到的事情。载沣虽然开明，留洋仍超出了他开明的限度。

溥仪出洋留学没成功，依然待在紫禁城，载沣满意地回到醇亲王府。但是随着时间的推移，溥仪越来越让人费心，他成长的翅膀越来越硬，似乎终有一日要飞出父亲的掌心。

随着溥仪的成年，婚事也被提上了日程。想把女儿嫁给溥仪的达官贵人很多，都积极地要与皇室联姻。载沣在其中所起的作用很少，最终的决定还是来自四太妃和溥仪自己。1922年12月1日，婉容和文绣入宫，一后一妃伴随溥仪。不过因为溥仪生理上有问题，夫妻生活无法正常完成，流言蜚语在宫内外蔓延。

很多太监看到清室的没落，总感觉朝不保夕，纷纷为自己寻找出路。紫禁城的管理越来越松懈，偷盗之风越来越严重。仅1922年一年，寿皇殿就丢失了两个重有百余的金钟，宁寿宫丢了数十件金器、古铜器和玉器，甚至毓庆宫的库房门锁被人撬开，里面的藏品被偷运干净，乾清宫的后窗户也被人砸开。溥仪对偷盗早有耳闻，没有想到会那么严重。

1923年，庄士敦向溥仪建议，可以把历代皇帝的画像和行乐图取出拍照，作为摄影资料保存下来。溥仪无事消遣，同意由庄士敦和一家美国人开的照相馆负责此事，每天下午由一个美国摄影师进宫拍照。这样拍摄了几天，再命令太监取画像，竟然取不出来，溥仪认为太监们监守自盗，大发雷霆，准备彻查。

太监们怕事情败露，想出对策。1923年6月27日，位于紫禁城东北角的建福宫突然间燃起了大火。载沣第一时间内赶到宫中，指挥救火。京畿卫戍司令王怀庆带领几乎全城的消防人员前来救火，意大利使馆的三十多名士兵也参与进来。大火还是烧了十多个小时，建福宫变成一片瓦砾。

这场大火共烧毁房屋百余间，大藏经、金银器和溥仪大婚时所收的礼品化为灰烬。消防人员说，他们在救火时闻到了很浓的煤油味。太监们私下交谈，说这把火是某些太监放的，为的就是掩盖建福宫画像丢失的事实。溥仪本来就怀疑监守自盗，听到这些消息，怒火中烧，二十天后下决心裁撤太监。

溥仪专门坐车去醇亲王府，向载沣言明这个决定。载沣当即表示反对，说祖制不可违，多数太监一向忠心，当差也很尽职，不至于图谋不轨。但溥仪的决心已定，载沣也没有办法。就这样大部分太监被遣散，少数被留下。遣散过程中，载沣从中午到晚上都没吃饭，也没喝一口水，后来连话也很少说。他对成长中的溥仪，更多的是无可奈何。高高厚厚的宫墙内，一切事情越来越取决于溥仪的意志。

除了溥仪成长中遇到的烦恼，风云变幻的民国政治也让载沣捉摸不透，最令人想不到的是溥仪竟然被赶出了紫禁城。

## 首都革命

张勋复辟失败后，黎元洪引咎辞职退出政坛，身为副总统的冯国璋进京代理总统，段祺瑞复任总理。二人在怎么收拾南北分裂问题上分歧严重。段祺瑞高举武力统一的大旗，认为各地军阀无可救药，无须费力抢救，唯有除之而后快。冯国璋主张和平统一，把各地军阀，尤其是西南军阀视为意见有分歧、可以挽救的兄弟。毕竟大多数军阀都是新军出身，在中国糟糕的财政状况下，各省新军将领军阀化不可避免，袁世凯的倒行逆施是南北分裂的直接因素。

地方军阀坐大，革命党人掌握的军事力量初具规模。建立怎样的秩序和如何建立秩序，成了困扰国人的一大难题。革命党人试图恢复《临时约法》和旧国会，甚至不惜与虎谋皮，争取军阀支持。各地军阀不甘寂寞，或默默埋头发展势力，或者趁火打劫扩张地盘，或以联省自治为名行地方割据之实。

重揽大权的段祺瑞以"旧国会已被解散，原有的法统亦不再存在"为由，拒绝恢复《临时约法》和旧国会。1917年7月，孙中山为了维护临时宪法、恢复国会，发起护法运动，并在8月组织非常国会、军政府和护法军，试图依靠军阀打军阀。革命党人和西南军阀之间在战争目的以及权力分配上矛盾重重，注定难以和衷共济，第一次护法运动以孙中山辞去大元帅结束。

列强为了巩固和扩大自身在华权益，进一步控制中国，不惜亲自下场。北洋各派军阀、西南军阀、革命党，乃至被困在紫禁城的小朝廷都成为列强勾结的对象，让部分头脑不清醒的逊清宗室心怀幻想。

直皖战争、南北混战、直奉战争，甚至分裂的南方军阀内部也争斗不休，参与势力越来越多，波及范围越来越大，时局越来越混乱。困守紫禁之巅的溥仪不可避免地被利用，成为各方争夺的傀儡木偶。载沣作为前清皇室的守墓人，在历史巨变面前除了彷徨失措、随波逐流，别无他法。

1924年9月，第二次直奉战争爆发。10月，直系军阀的冯玉祥突然倒戈攻进北京，包围总统府，解除吴佩孚职务，监禁总统曹锟，成立国民军，支持以投机著称的黄郛成立摄政内阁，史称"首都革命"。新内阁崇尚革命，首先拿清室开刀，以防范清室复辟为由召开紧急内阁会议，决定修改施行十余年的《清室优待条例》，准备将住在紫禁城的溥仪驱逐出宫，彻底终结残存的小朝廷。

《修正清室优待条件》规定，永远废除皇帝尊号，溥仪与中华民国国民在法律上享有同等权利；即日移除禁宫，自由选择居住，民国政府负责保护；一切私产归清室完全享有，民国政府特别保护；一切公产归民国政府所有，清点宫中存留的历代文物；民国政府每年补助清室家用五十万元，并支出二百万元开办北京贫民工厂，收容旗籍贫民。

为了避免出现变故，第二天即10月5日上午，时任北京警备总司令的鹿钟麟、警察总监张璧连同知名人士李煜瀛率领全副武装的国民军，开进紫禁城。鹿钟麟等人首先将内城守卫队解除武装，然后把电话线切掉，自神武门起各个宫门分置军警监视，不许任何人随意走动。

随后，鹿钟麟等人直入内廷，当时溥仪和皇后婉容正在储秀宫吃水果，听到消息后仓皇失措。内务府大臣绍英出面与鹿钟麟交涉，听到《清室优待条例》已经修改，溥仪必须马上出宫为民，非常震惊。鹿钟麟命令溥仪三个小时内搬出紫禁城。宫内人士尤其几位太妃不愿意搬离，经过交涉将撤离的时间推迟。

到了下午三点，依然不见搬离的动向。鹿钟麟灵机一动，当着溥仪的面对随从讲，快去告诉外面，时间虽然到了，事情还可以商量，先不要开炮，再延长二十分钟。

溥仪听到开炮，吓得魂不附体，赶紧应允。在鹿钟麟的护送和监视下，分乘五辆汽车，最终离开紫禁城。

其实，历史上有个细节不为人知。载沣在溥仪出宫之前，专门去军营拜访过冯玉祥，只是第一次交往就不顺畅。冯玉祥的军队号称官兵平等，外人根本区分不出哪个是官哪个是兵。载沣被让进南苑驻军的客厅，看到一个身穿粗布军大衣的大汉背脸站着，认定一定是个听差的下人，就客气地询问冯检阅使是否在军营。冯玉祥转身冷冷地回复，自己就是。话不投机，自然无法交谈。其后载沣又专程去过几次，馈赠礼物，根本无法打动冯玉祥。政治理念之争绝非几句客套话、几提礼物可以抹平，载沣也不过是尽人事听天命罢了。

当看到溥仪等人狼狈地进入醇亲王府，载沣一时无法接受这个

鹿钟麟驱逐溥仪

现实。他明白为什么被赶出紫禁城，却无法猜透冯玉祥和鹿钟麟等人如何处置溥仪，他的家族接下来会有什么样的命运呢？醇亲王府外面有军警巡查，各式各样的便衣走来走去，气氛非常紧张。

载沣把溥仪等人安顿在王府的树滋堂。据溥仪记述，载沣不停地进进出出，嘴里不停地唠唠叨叨，谁也不清楚他在唠叨什么。自己看到手足失措的父亲，烦躁的心里增添一丝恼怒。其实，载沣表面看上去很慌张，但内心非常坚定。此时他所要做的就是把溥仪置于自己的眼皮底下，绝对不让维系着王府甚至整个皇族命运的溥仪离开。

听到小皇帝被赶出宫，前清王公大臣纷纷赶来探视。内务府一面和外面的人联系，了解相关的消息，一面想着如何对付时局。庄士敦来到醇亲王府，说他已经与黄郛摄政内阁的外交部长王正廷会面，王正廷郑重表示会保护溥仪和醇亲王府的安全。听到这些话，载沣悬着的一颗心稍稍放下。

庄士敦走后，郑孝胥带了两个日本人进入王府，说日本公使馆可以接走溥仪，日本政府负责保护安全。具体实施办法是，由日本公使馆的一位副官带一名医生，以去医院治病的名义携溥仪离开王府。这个办法遭到王公大臣的一致反对，载沣的态度最为激烈。载沣以溥仪若走出王府进入东交民巷的使馆区，冯玉祥不会善罢甘休等理由，拒绝这个建议。郑孝胥和日本公使馆的人只得悻悻而去。

前清皇帝的身份奇货可居，日本人打什么鬼主意，载沣心里很清楚。所以坚决不让日本人得逞，否则一旦出了事儿，别说醇亲王府，整个北京城的王公大臣和普通旗民都得遭殃。

不知道冯玉祥是不是听到了什么消息，或者有什么打算，5日深夜，王府周围的士兵多了起来。载沣渐渐不相信先前的保证，觉得冯玉祥根本不是一个王正廷能约束住的。

载沣看到外面的军警非但没有减少，反而越来越多，更加着急。王府的大管家张文治自告奋勇，提出去天津给张作霖送个信，请求军事和政治上的保护，得到载沣的赞赏。张文治在政坛赫赫有名，正所谓主有多大奴就有多大。他原是汉人，一直在王府当差，对两代醇亲王忠心耿耿，年轻时被奕��赐满文名字喀拉莽阿。他疏财仗义，交友甚广，与刚刚发迹时的张作霖、张景惠、汤玉麟等人义结金兰，此时用上了这层关系。

载沣领衔，载洵、载涛、载润、载泽等人联名，以全体皇族王公名义致信张作霖。信中指出宣统皇帝被软禁在醇亲王府，生命危在旦夕，请求张作霖主持正义，尽快解救逊帝，保护其安全，早日恢复其自由。

张文治此行很快有了回音，张作霖听说逊帝被困，马上答应营救。此时，第二次直奉战争已经结束，奉系军阀得胜，夺取了天津，正准备进军北京。奉系军阀的实力远远超过国民军，所以冯玉祥颇为忌惮，不得不同意张作霖的主张，黄郛摄政内阁被早些下台的段祺瑞取代。11月28日，军警和便衣陆续撤走，王府恢复原有的秩序，载沣紧张的心绪平复下来。

溥仪被迫出宫之后，清室善后委员会对故宫进行文物清查工

载沣与家人合影,从左至右为载沣、溥仪、溥杰、溥任

作，成立了故宫博物院。这主要就是为了防止清室再次复辟，让溥仪彻底没有回宫的希望。载沣不甘心这么狼狈地终结爱新觉罗家族的皇位，紫禁城的宫殿里依然残留着清朝历代皇帝的印记。就世界范围看，很多国家的皇族在亡国之后依然保持着尊荣和地位。既然很多国家的亡国贵族都能够保持既有的尊荣，中国的宣统皇帝也可以。

在冯玉祥、张作霖和段祺瑞三方争斗中，载沣也曾呈请张、段两人帮助收回紫禁城。张、段二人出于眷顾旧主，威胁冯玉祥。冯玉祥直接回复，此次国民革命的功绩各有评说，唯独驱逐溥仪一件事毫不后悔，恢复故宫绝无可能。这让载沣多少有些失望，也感慨国内政局的变幻时刻会给皇族带来灭顶之灾。

这时，一个名叫金梁的人来到醇亲王府。金梁是满洲正白旗瓜尔佳氏，近代有名的书画家，在满族中享有开明的称誉。他此次登门上书，是为了劝说溥仪放弃帝号和优待费，托内事于忠贞之士，然后出洋留学。载沣还未听完就勃然大怒，大呼金梁是个疯子，命仆人马上赶走，警告他再也不要登王府大门。

金梁被赶走后，载沣有了更强的戒备心。每天来王府求见溥仪的人怀有不同的目的，年轻的溥仪很难不被迷惑，做出超乎自己的事情。溥仪会见客人时，载沣总是在旁边倾听，似乎在监视，实际是在保护。最后，溥仪实在受不了父亲的关怀，发怒说客人想见的是他，不是他的父亲，请王爷不要再插手会谈了。载沣慑于皇帝的威严，也无奈时局的混乱，最终不得不让步。

溥仪像所有叛逆期的孩子一样，讨厌长辈说教，一心想从牢笼里挣脱。他从来没有考虑所作所为会给醇王府一系、前清皇室，甚至整个旗人带来什么，也根本认识不到他的跳脱、他自以为是的安全，会给整个国家带来多大的灾难。

政局依然混乱，北京城乃至整个中国就像笼上了一层又一层的迷雾，根本看不清未来。人身安全已然成为奢侈品，连下野的军阀都能意识到这点，早早躲进使馆区，靠着存在洋行的财富醉生梦死。这种情况下，溥仪怎么可能会相信张作霖和段祺瑞的背书？

紫禁城已经不是可以称孤道寡的独立王国，已然成为民国强人标榜革命功绩的战利品。醇亲王府更像牢笼一般，到处都是监视的眼睛，连跟前来拜访的客人随意说说话、发发牢骚都不自由。身为皇帝生父的载沣没有丝毫重振旗鼓、恢复帝国的雄心，内心深处充斥的只有恐惧和安分守己的念头。在溥仪看来，在冯玉祥赶自己出紫禁城时，第一个站出来谴责，现在又救自己于水火的日本人，至少看起来没有那么面目可憎，能够同情和认可自己的远大抱负。

日本人很早就关注溥仪，觉得清室逊帝是个可以利用的政治尤物。与日本关系亲密的郑孝胥和罗振玉等人多次来游说，劝说溥仪离开王府到外面创立更大的事业。溥仪的心思逐渐萌动，好感也在增加，觉得只有依靠东洋人才能复兴大清。

日本人为了实现溥仪出走的目的，再次制造谣言。郑孝胥和罗振玉等人频繁来到王府，说冯玉祥和南方的革命军将要对溥仪采取不利行动。接着庄士敦也来到王府，按照事先排练好的说辞，称冯玉祥将要再次攻入北京，收拾清室贵族。上一次被迫出宫的梦魇还没有散去，溥仪哪里受得了这一吓，陈宝琛在一旁也惊慌失措。

最后几个人与溥仪商定，趁冯玉祥的军队还没有进入北京，赶紧去东交民巷的日本公使馆避一阵。具体的逃离计划是由庄士敦陪同溥仪以到东单看房子为名，绕一个圈子去东交民巷，先进德国医院，再转入日本使馆。

载沣一直关注着溥仪的动向，虽然不清楚郑孝胥、罗振玉和庄士敦等人在图谋什么，但明显感到事情起了变化。当庄士敦和溥仪乘汽车出发，载沣便派张文治乘坐另一辆汽车尾随跟踪。

为了摆脱张文治，溥仪和庄士敦临时在东交民巷的一个洋行前停车，假装去购物。溥仪刚买了块金表，就捂着肚子直喊疼。张文治不太相信，也无可奈何，只好看着两人进入德国医院。在外面等候许久，始终未见溥仪出来，张文治感到事情有变，赶紧回去向载沣报告。

溥仪离开了既是家也是牢笼的王府，虽然获得了短暂的自由，也让溥仪陷入不可控的政治旋涡。当载沣顶着狂风赶到德国医院时，溥仪和庄士敦早已进了日本使馆。

初冬的寒风中，载沣伫立了许久。溥仪从此将与自己分道扬镳，去追寻自己的皇帝梦，前途的坎坷会不会淹没这个原来的天子，载沣并不知道，也不敢想。过了许久，眼见无力挽回，只好沉默地回到醇亲王府。

溥仪既是不能叫出口的儿子，也是满人名义上的领袖。小皇帝的安危和作为不仅关系到紫禁城众人的安全和生计,也关系到无数满人的身家性命。载沣可以支持溥仪学习英语和西方文化,却不赞成跟西方人接触过多。列强亡我之心不死,时时刻刻不忘从中国身上叨一块肉,这一点他可是深有感触。

遗憾的是少年心性总是孟浪多于理性,被复国主义包围的小皇帝总想逃出紫禁城,光复他的大清。即使载沣竭力阻拦,却也阻止不了小皇帝还想复辟的信息流传出去。灾难终将因历史的惯性到来,在乱局中,不是每个执一时牛角的当权者都能清醒地认识到"做一件大事"的代价有多大。

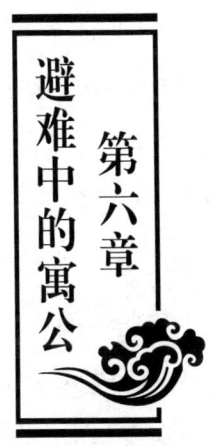

# 第六章 避难中的寓公

## 躲进洋教堂

溥仪进入日本使馆,载沣终日若有所失。溥仪三岁时,由他抱着接受百官的朝贺。现在的溥仪已经完全长大,不再接受他的保护,甚至反感他的保护。以前无论溥仪在不在皇位上,总是在他的身边,紫禁城和醇亲王府也不远,父子之间不曾远离。只要溥仪在,他总有定心丸。现在溥仪走了,紫禁城不再是皇帝的家,而是一个开放的博物馆。皇宫里已经没有爱新觉罗家族的位置,紫禁城成了可望而不可即的梦幻泡影。

载沣担忧国人会由此唾弃清室皇族,亲自到日本使馆劝说溥仪,说现在有段祺瑞和张作霖的保护,醇亲王府很安全,回去绝对没有危险。此时的溥仪想的不是安全问题,而是投靠哪种政治势力以图再起。他不可能再回到醇亲王府,或者再做一个守着宫殿的没落君王，他需要一个更广阔的天地飞翔。

1925年初，溥仪去了天津。政局越来越动荡不安，各种谣言满天飞。冯玉祥第二次打进北京之说仍在流传，整日忧心忡忡的载沣考虑着自己的下一步安排。

醇亲王府有一架风琴，经常出毛病，修琴师关良成了王府常客。关良是位满人，也是一个天主教徒，时常带来外面的一些消息，载沣也偶尔与他聊上几句。关良提到冯玉祥正集结力量，准备第二次攻占北京。他经常去西什库教堂做礼拜，与那里的神职人员熟悉，如果载沣愿意，不妨去那里避一避，即使不避，也可以把贵重的物品寄存在那里。

载沣仔细一想，去西什库教堂是个不错的办法。当时的中国人，尤其是在高位的官僚军阀，都惧怕洋人三分。教堂是洋人的地盘，受洋人的保护，冯玉祥即使打进北京也不敢动教堂。载沣应允下来，关良当天去西什库教堂说明了情况，神职人员一向有济世宣教的情怀，一听来的贵客是原来大清曾经的监国摄政王，当即表示愿提供房间。载沣有了退路非常高兴，没有亏待关良，给了他大量金钱。

1926年春，载沣带了二十多个精干的随从仆人正式搬进西什库教堂，寄存大量贵重的物品。大部分的仆人还留在醇亲王府，每天负责着主人的衣食住行，源源不断把物品送到西什库教堂，该定做的衣服要定做，该汇报的事情要汇报，该完成的杂事要完成。

载沣住进了教堂，家人被安排分成三处居住。他和溥杰住在西什库北堂,侧福晋邓佳氏和四子溥任住在教堂东侧,几个女儿住在教堂腾出的几间养老院房间。可能是教堂的房屋紧张,一家人不能住在一起。这样的安排倒也符合载沣的心意,因为他想安静,想图一个清修式的环境。每天,还是按照老例起居生活,大部分时间都用来读书、看报、记日记,晚上偶尔与子女们共享天伦之乐,有时还去教堂转一转。

西什库门口有讨饭的姐妹俩,韫龢和妹妹进出教堂,碰到时会给几角钱。一段时期后甚至出现了默契,带钱就会招手让她们过来,没带钱就摆手叫她们不过来。回到家,韫龢和父亲说起此事。载沣时常拿出几角钱,让韫龢转给讨饭的姐妹俩。

载沣是个温情的人,有时甚至和年龄尚小的子女住在一间屋子。睡着时,韫龢便和妹妹淘气地摇晃一下床,边摇边喊地震。载沣吓得一机灵,从床上爬起来,看清状况后又重新躺下,从来没有责怪子女。

但是,平静的生活很快被打破。天主教徒有宣教济世的义务,他们不懈努力地劝说人们信耶稣得永生,把劝化载沣当作绝好的契机。如果原来的监国摄政王信了天主,王公大臣会有多少跟随着信仰。他们轮番动员,载沣总是倾听完毕,礼貌地回绝说自己不会信中国和外国的任何宗教,因为记不住那么多教规。

传教士们以为载沣疑虑传闻中的清规戒律,一次又一次地做说服工作,耐心地讲解信教的好处。载沣依然是礼貌地回绝,态度看上去越来越坚定。有时,甚至在晚饭之后专门等候传教士,以便礼貌地回绝。传教士们看到确实没有信教的可能，劝说工作松懈下来。一段时间内，传教士和载沣相安无事，各自在自己的空间生活。

另外一方面，家人和仆从对传教士没有那么坚决地拒绝，反而是时常打听，有时还去做礼拜。基督教和天主教确实能够带来心灵的宁静，尤其是在乱世。传教的不仅有外国人，也有本国人。看到中国人心灵虔诚地跪拜在十字架前，说话温文尔雅，的确有吸引力。这让载沣有了更深层次的担心。对教堂的认识，固然摆脱了侵略者的狭隘认知，但异教的心理暗示始终无法摆脱。他怕子女和仆从信仰了耶稣，在教堂跪拜祷告。

传教士们过来时，带来精致的十字架，作为礼物送给载沣。载沣没有拒人于千里之外，多次下来，积攒的十字架越来越多。有的小孩子过来玩，就随意地把十字架分发下去。当十字架戴在脖子上，传教士认为载沣对信教有了兴趣，新一轮的劝说工作又开始。

终于，载沣实在受不了传教士们的劝导，免去了往日的礼貌，直接说自己不会信教也不会信佛。当传教士们问询他为什么不会信教，载沣直接说那是迷信。这可伤害了传教士们，也让他们知道曾经的摄政王绝无信教的可能，暂住西什库教堂仅仅是躲避兵荒马乱，寻找政治的安静去处，而非心灵的宁静港湾，从此再也没有来打扰他的清净。

载沣真认为那是迷信吗？对迷信就一概排斥吗？答案当然是否定的。

载沣侧影

庚子年，义和团风起云涌。载沣时年十七岁，已经承袭了醇亲王爵位。听说八国联军将攻占京城，慈禧太后和光绪皇帝要逃亡，载沣和母亲刘佳氏对前途充满了担忧，专门请人到府中打卦问卜。

当年的卦辞被保留下来，其中问询关于西迁的问题，卦辞为"何须祈祷暗通成，善恶评分汝自明，休把心急混懵懂，营求动作自然成"，关于洋人的动向，卦辞为"亥卯信吉，丑未信凶，解除心腹病，急行步向东"等。这些卦辞清楚地表明载沣并非不信神，也并非不迷信。当人力无法预测前途、掌控命运时，都会求助于神灵，祈求从神灵那里获得指示，获得力量，谁也不例外。

紫禁城有专门的真武大帝神庙，醇亲王府有专门祭祀萨满的场地，每年也有固定的活动，必须参与祭祀。载沣有传统中国人那种信神神就在、不信他不怪、逢庙必拜的习惯，既没有多么坚定的信仰，也没有多么执着的追求，只是延续着一种思维和习俗的惯性罢了，大清未亡时，他曾有一段时间代行皇家祭祀。

满族信仰萨满教，萨满巫师是普通人通向神灵的一道桥梁，能够在凡人危难时提供一些指示，载沣对此并不排斥。他很相信老北京的仙家，比如所谓的"红黄白柳黑"。关于仙家中的"黑"，有人说是老鼠，有人说是刺猬。母亲刘佳氏患病时，载沣把一个仆妇和一个丫鬟当作仙家中的"黑"，踢到王府花园中的小河，两人差点丧命。载沣很少苛责下人，这回如此严酷地不讲情面，可见他对仙家又迷又信。

在吉利的日子，载沣很怕言语不慎破坏喜庆的气氛，与满洲上层避免使用忌讳性的词汇一致。生怕某一个不好的词汇突然间冒出来，打破了美好的喜庆局面。每年除夕，载沣会发送红包给子女和仆人，有时还有礼物相送，王府内张灯结彩祝贺新年的到来。春节第一天，子女和仆人会向载沣祝贺新年，载沣也会去其他王府和长辈处拜年。

整个正月弥漫着喜庆的气息，王府上下禁止说任何不吉利的话。初五是自己的生日，载沣总是把宝翰堂正中悬挂的日历上换成一张红纸，写上"福寿绵长"四个字，而且每次都把寿字的最后一笔拖得很长。传统习俗中有吃破五饺子的说法，载沣很忌讳听到破字。有时溥杰和弟弟妹妹大声吵喝着要吃破五饺子，载沣都老大的不高兴，总是纠正子女要说福寿五。

所以，载沣说不信仰天主教不是因为自己不迷信，而是他坚持着传统的民间宗教信仰，对西方的宗教很排斥。晚清民初，太多中国人信仰了外来宗教，建立了大量的宗教学校，甚至培养出了自己的传教士。但是，清室上层信仰基督教和天主教的人数不多，他们执着地坚守着传统的信仰，或许历次反抗外国侵略的斗争中总有传教士的身影，也可能对西方文明有着天然的排斥，始终无法对外来宗教产生好感。载沣如此，奕劻、善耆、溥伟、溥仪等人更是如此。

溥仪多次来信劝说载沣去天津避难。载沣不愿离醇亲王府太远，加之担心车马劳顿，子女的安全缺乏保障，迟迟未能成行。为了保证王府的安全，载沣和七弟载涛专门给张作霖去了一封信，呼吁其保护清室财产。得到了张作霖的肯定回复后，一颗悬着的心终于放下。

西什库教堂距离醇亲王府只有几里路，载沣真正想回去的还是王府的家。生活刻板的教堂始终有些陌生，他从未融入教徒们的生活。传教士们很客气，总少了几分亲近，或许从来也不曾亲近。教堂终究是外国人的地方，在这里避难仅仅是权宜之计，并不能长久。

1928年，夏季的炎热才刚开始，载沣下定决心，返归王府过平静的生活。传教士没有出来阻拦，仅仅表示了欢送。贵重物品和生活必需品陆续搬回王府，载沣临走时主动给了教堂一笔资金，感谢此段时间的照顾。

此时的中国政治再次掀起波澜，南方的国民革命军已经势如破竹地挺进北方，冯玉祥的力量再次深入华北，张作霖已经是强弩之末，北京城随时可能更换主人。载沣对此也有了解，回到醇亲王府的他面临着再次避难。

## 安全的天津

回到醇亲王府，载沣开始了一如既往的生活，但是事情并不如他想象得那样美好。

先是大格格韫媖早逝。自从与婉容的哥哥润良成婚后，小两口在家中时常吵架，闹得鸡飞狗跳。不久，心情抑郁的韫媖得了急性盲肠穿孔，不幸去世。消息传到北京，载沣差点被击倒。不幸的事情一件接一件。母亲刘佳氏多年来一直腰腿疼，有类风湿关节炎的毛病，病情突然加重，以致双腿瘫痪。经过医生诊断，刘佳氏又得了乳腺癌。载洵和载涛时常来王府探望，并陪同就诊。由于思想保守，刘佳氏既不让西医查看乳房的病变，又不同意开刀做手术，耽误了治疗最佳时机，不久去世。韫媖和刘佳氏的死讯像一团乌云笼罩在王府上空，让载沣心情郁郁。

办完刘佳氏的葬礼，载沣好像开明了许多，不再那么拘谨，时常带子女去看戏、看电影，尤其爱听马连良的老生戏，也喜爱梅兰芳、程砚秋的青衣戏。载涛在家时，也会请载沣和子侄一辈团聚，有时还自己登台演上一段，让大家大饱眼福。

府内刚平静下来，世道又乱成一团。1928年，蒋介石、阎锡山、李宗仁和冯玉祥四派联合发动二次北伐，矛头直指张作霖为首的奉系军阀。张作霖准备退回东北，北京街头有大量的散兵游勇。溥仪打来了电话，告知载沣如果再不离开，财产和生命安全将受到损害。载沣没有办法，经张学良安排，在1928年6月4日下午4点搭上去天津的火车，同车赴津的还有六弟载洵和七弟载涛两家人。

这趟专列是搭载奉军高级将领及家属撤退东北的军列，蒸汽机车吐着黑黑的浓烟，慢吞吞地驶出北京城。铁路两旁，大量奉军士兵无精打采地步行，每一个人脸上露出失败的愁容。载沣怕周围的士兵行凶打劫，命令家人把车窗关严。专列开得很慢，走走停停。

载沣与家人合影

到了杨村，火车突然停驶，此时天黑得怕人，车窗外士兵攒动的身影加深了恐惧。载沣时而瞅瞅外面，时而低头沉思，坐下又站起，起来又坐下，一夜没合眼。好不容易熬到第二天凌晨，火车获得通行的信号，慢慢开动起来。载涛看上去豁达一些，吃饭睡觉不受影响，有时还和子侄辈开个玩笑。载洵一副王公贵族的气派，吃着仆人切好的水果，漠然地坐在那里。三兄弟的态度完全不一致，彼此话虽不多，却是难得的相聚。

突然前方传来一个可怕的消息，张作霖昨天在皇姑屯被炸死，同行的高级军政官员死伤严重，凶犯不明。着实让车内车外的人慌乱了一阵，载沣也跟着迷惘起来。是蒋介石和冯玉祥所为吗？还是另有其人？张作霖贵为中华民国安国军大元帅，是名义上的国家元首，怎么会有人这么胆大妄为。南方的革命军正在北攻，还没有攻到北京，更没有攻到山海关，不太可能派刺客来到东北。那会是谁呢？南满铁路归日本人，张作霖的专列在南满铁路上行驶，可能是日本人做的手脚。日本人插手中国内部事务人所共知，和张作霖关系较好也是人所共知。难道日本人和张作霖闹翻了，两者起了冲突。如果是日本人炸死了张作霖，奉军如何处置，谁来接班，东北会不会独立，这些都是未知。

张作霖曾经坚定地表示保护清室的安全，现在他死了，清室的命运是否会更加风雨飘摇。前途和未来在哪里？或许像行进的列车一样，有一个终点，但不晓得路途中间会发生什么意外。载沣更加迫切地希望火车快开到天津，投奔溥仪，投奔到一个安全的地方。

载沣、载洵、载涛三家人合影

按惯例,从北京到天津有四个小时的车程。现在走了一天还迟迟没到,怎不令人揪心。到了中午,火车又在北仓停下,久久不能开动。同车的军官们赶紧四处联系,幸好车站门口停靠着拉活的人力车,临近的公路上来来往往行驶着小汽车和军用汽车。军官们携家属纷纷坐人力车和小汽车奔向天津,火车上的人越来越少,只剩下少数几家没有着落。

载沣让载洵和载涛下车去截小汽车,很快截下几辆,但三家人实在太多,小汽车司机爱莫能助。6月的天气又闷又热,载沣汗水直流,一直摇着扇子。载涛终于拦住两辆奉军的载重卡车,司机乐于帮忙。谈好价钱后,允许军用卡车进入,三家人又分坐人力车进入目的地——英租界戈登路一百六十六号,这是一座坐北朝南的两层楼房。

溥仪原本派人去天津火车站迎候,迟迟没等到,接到家人通报才命人返回。当载沣看到溥仪,几天的奔波愁苦一扫而光,高兴地问询皇帝是否安好。溥仪率领子侄和仆人,在屋内给载沣行了双膝跪安礼,然后请全家人吃饭。一家人其乐融融,忘掉了路上的不愉快。

过了几天,溥仪提出要在天津寓所安装电话。载沣欣然同意,电话的便捷已经让人信服。只是这个户名怎么标明?载沣仔细地想了一下,认为叫王公馆就好。另一位王公贵族载振,即原来庆亲王奕劻的儿子有不同意见。他认为爱新觉罗氏汉译为金,应该叫金公馆,载沣想一想觉得也对,接受了这个建议。

民国成立后，满族遭受排挤，许多人被迫改了汉姓，隐姓埋名。爱新觉罗按照汉译为金，载沣是王爷，也不应该姓王。为了躲避外界的纷纷扰扰，载沣将子女一律改姓金，极力避免与遗老遗少接触。果然，没有多少人来打扰，倒是落得清闲自在。

一家人住在一栋楼，除了邓佳氏和子女，还有大量的佣人，每个孩子带着一个保姆。载沣这时还使用着太监，一如王府讲究烦琐的礼节。不久，载沣的另外一个母亲李佳氏也来到天津，准备和家人们常住。不过因为人年纪大了，实在住不习惯，由载涛护送回到醇亲王府。不久又去世，载涛帮忙料理后事，体现了精干的办事能力。载沣没有回去，只是变卖了旧物，给予足够的财力支持，让这场没落王孙家的葬礼看上去不那么寒酸。

在天津，载沣确实有了一些新变化，经常睡的硬木板床换成弹簧软床，抽水马桶、沙发、电扇一应俱全。只是几个子女的穿戴还很保守，平时只穿旧式旗袍和长袍马褂，布料稍微讲究，不再是仆人专门缝制。载沣爱吃的东西源源不断地从北京运来，满足着一家人的需要。

载涛和载洵两家人住在隔壁院落的洋房，距离很近。溥杰、韫龢和几个兄弟姐妹闲来无事，经常由父亲带着去做客。后来载涛搬到了市区，去的次数少了很多。三兄弟的子女年龄相差不大，经常在一起玩，不像大人那么拘束。

开始时，载沣像他的父亲奕��一样，在家里请私塾先生给子女上课。后来老先生生病了，要回北京医治，私塾停顿下来。载涛建议，可以让二女儿韫龢和三女儿韫颖跟随溥仪学习。溥仪很想念弟弟妹妹，就顺便接过去，请了家庭教师专门教授英文、日文、美术、国文等课程。为了适应现代社会，载沣还听从了载涛的建议，让最小的三个孩子溥任、韫娱、韫欢去英租界工部局办的耀华中学读书，一律从一年级念起。

出于安全考虑，载沣为孩子雇了两辆黄包车，上学和放学均有保姆接送，决不允许在路上玩耍，也不允许去同学家做客。本来这样的安排万无一失，不会有人知道曾经的摄政王、末代皇帝溥仪的爸爸生活在天津，事实证明这不过是自欺欺人。

有一次，韫颖带回一张恳亲会的请柬，邀请学生家长去学校参加活动。载沣觉得已经没人认识自己，换了一身朴素的衣服来到耀华中学。没有想到刚进校门，就被恭候已久的校长认出来，被尊敬地称了几声王爷，旁边还有人窃窃私语，说他的儿子又要当皇帝了。这让载沣如芒刺在背，浑身不自在。校长请载沣做次演讲，这可难坏了载沣，一着急就口吃，提前也没有心理准备。只好匆忙拿出一摞钱作为捐赠，转身回了家，留下错愕的校长和老师。

远离人群，远离闹市，远离是是非非，是载沣的一贯信念。生怕被人认出，却还是被人认出，这不是载沣乐见的事情。

## 子女分离

载沣一共有四个儿子和七个女儿，分别由嫡福晋瓜尔佳氏和侧福晋邓佳氏所生。其中，瓜尔佳氏生了长子溥仪、次子溥杰、长女韫媖、次女韫龢、三女韫颖，邓佳氏生了三子溥倛、四女韫娴、五女韫馨、四子溥任、六女韫娱、七女韫欢。多数子女都很健康，只有长女韫媖出嫁后死去，三子溥倛不幸早夭。

载沣在天津最想见的是溥仪，去张园都是在星期日下午。一般都由溥仪打电话给金公馆，邀请载沣和弟弟妹妹，专车开进金公馆，载沣带着打扮一新的孩子们上车直驱张园。这样的家庭聚会从发邀请到赴宴的程序从来不变，即使哪个星期溥仪没有约请，载沣也不询问原因。一方面是他安于现状，一方面也是出于对所谓皇帝的尊敬。

每次去张园，溥仪早早迎出来，显得格外高兴，为家人准备口味不同的饭菜。有时是中餐，有时是西餐，各式各样的饭菜摆在桌子上，令人垂涎。按照皇家规矩，吃饭不能张大嘴，不能老盯着一个菜，也不能交头接耳，还要细嚼慢咽。这可难坏了弟弟妹妹，即使想吃也要保持皇家的矜持。

但是，溥仪总是和各色人等交往，会见不同的客人，时常有日本军人和政客出入。溥仪不愿与家人多说什么，让载沣有些着急也有些无奈。更奇怪的是，溥仪旁边有一个矮墩墩的日本军人跟随，寸步不离。只要溥仪出门，他就穿着便服坐在司机旁边，据说是保护溥仪。因为他时常戴着一顶扎眼的白帽,所以被韫龢等人起了个外号叫"白帽"。

1929年7月,溥仪的住所由张园搬到静园,复辟忙得不可开交。载沣知道溥仪想依靠日本人搞复辟,却不清楚密谈的具体内容。他还是希望溥仪安分守己,复辟是不可能的事情,会招来灾祸。

有一次,载涛告诉载沣外面关于溥仪与日本人密谋复辟的传闻越来越多,希望溥仪谨慎处置,不要上日本人的当。载沣听完,赶紧找到溥仪将载涛的话复述一遍,问是否真的与日本人密谋。溥仪当即不高兴,声明绝无此事,以后载涛可以直接来问,不必通过王爷。载沣又说了一些千万不要与日本人勾结的话,甚至掉了几滴眼泪,溥仪只好安慰说没有外间传闻的那些事情。看着溥仪认真的表情,载沣半信半疑。

九一八事变后,日本人加紧对溥仪的说服,威逼利诱什么花样都有。11月8日,日本人策划了一起炸弹事件,让一个陌生人往静园送来两颗炸弹。溥仪为安全着想,把家人接到静园,安慰了一番。载沣进入静园,看到门卫没有了往日的笑容,院内外多了很多陌生的脸孔,更加担心溥仪与日本人的勾结会招来灾祸。溥仪略做安慰,让他在静园留住,暂时不要回去。

日租界时常响起枪声,有时发生在静园旁边,不安的情绪占满载沣的内心。11月10日傍晚,溥仪在日本人的掩护下偷偷溜走。载沣再次听到枪声,去溥仪寝室探望,被随从拦了回去。第二天的

溥仪伪满洲国登基仪式

探望依然如此，到了第三天中午再去探望时，随从转交一封溥仪的信，信中写自己已经出走东北。

载沣默默地看完，颤抖的双手似乎不能拿起这几页纸。多年来的担心终于应验，溥仪再一次抵挡不住皇位的诱惑，跳进险恶的政治旋涡。就像从醇亲王府出走时一样，没有打招呼就悄悄离开。静园的院落中，载沣伫立了良久。

溥仪到了东北，成为伪满洲国的傀儡元首，受国人指责。载沣住在英租界，看到国人日益高涨的抗日情绪，越来越缺少安全感，不得不考虑下一处安全住所。日本人出于对溥仪的利用，劝说他住进日租界。载沣不愿意和日本人多打交道，礼貌地予以拒绝。

溥杰是载沣的次子，溥仪入继大统后，成了醇亲王府的合法继承人。兄弟两个关系亲密，有着共同的志向，都想为爱新觉罗王朝的重生不懈奋斗。

溥杰曾经想与哥哥溥仪去国外留学，当一切准备停当，载沣扼杀了这个幼稚冒险的想法。在天津的张园和静园，溥杰是溥仪忠实的兄弟，每天与各式各样谋划复辟的人打交道。十八岁时，溥杰与年长三岁的唐怡莹结婚，在醇亲王府成了说一不二的大少爷。唐怡莹是端康太妃的侄女，由端康太妃指婚，许配给了溥杰。包办婚姻怎么可能有长久的幸福，两人难说有多少真正的感情，后来甚至貌合神离，所谓的夫妻仅仅是一种名分罢了。

载沣搬到天津这件事，与其说是迫于政治形势的压力，不如说是听信溥杰的谣传。溥杰成年后，在北京的舞会上流连忘返，结识了同样喜欢跳舞的张学良，一来二去成了好朋友。溥杰一直有复辟的志向，没有投笔从戎的机会，便有了读军校的想法。张学良性格豪爽，听到溥杰的苦楚，直接答应把他送到东北讲武堂深造。

1928年，冯玉祥和阎锡山的军队逼近平津，东北军势单力孤，呈现退却态势。张学良一方面担心溥杰的安全，一方面也是完成父亲张作霖对载沣一家的承诺，所以打电话给溥杰，催促其一家赶紧到天津租界避一避。

溥杰很快应承下来，只是担心上东北讲武堂的事情就此搁置。张学良爽快地答应说，可以先住到他在天津的二太太谷润玉家中，然后再去东北上军校。溥杰一听更坚定了意志，当天晚上去见载沣，陈述全家搬到天津的必要性。

载沣听后一言没发，只是默默地坐着，他担忧车马劳顿，迁居过程中家人可能有更多危险。溥杰提高嗓门，讲冯玉祥打进北京城一定会清除残存的清室贵族，把一家人杀得一个不剩。载沣很怕别人虚张声势，溥仪经常通过恐吓达到目的，溥杰这一点学溥仪，遇到难办的事情就危言耸听。

载沣颤巍巍地问，谁说的一定把咱们一家人都杀掉呢，外面的传闻未必可靠。溥杰大声地讲出一串理由，似乎冯玉祥马上打进北京，一进北京就屠杀爱新觉罗家族。载沣脆弱的意志再一次屈从，同意搬到天津。

搬到天津后，溥杰和唐怡莹真的住在谷润玉的家中，筹划着去东北讲武堂。几个月后，谷润玉有事要去奉天，溥杰觉得这是一

载沣与子女合影

个绝好的机会，给载沣和溥仪各留下一封信就离家出走了。信中大致说，自己一定要去东北讲武堂学习，学好军事技术后再去重建大清，恢复爱新觉罗家族昔日的辉煌。

载沣拿到信时，溥杰已经坐上日本船驶离了天津港。还未读完，载沣已经泪流满面，急得浑身颤抖起来。他担忧子女的安全，怕他在张学良与日本人之间的斗争中遇到危险。溥仪遭受威胁，被驱逐出紫禁城，他的心已经碎了。三子溥倛的夭折，让他悲痛欲绝。

现在溥杰已经长大，是醇亲王府年轻的一代，还要离开自己。事情那么突然，以至于一点准备也没有。他赶紧驱车到溥仪的住处，央求把溥杰追回来。溥仪倒不激动，反而对溥杰有几分欣赏，对载沣说一定发电报追回，便去做其他的事了。

载沣静静地坐在那里，看着溥仪轻声地离去，再一次感到衰老和无助。电报很快到了大连，溥杰一下船就被日本军警扣押，几天后被送回天津。看到垂头丧气的溥杰，载沣高兴地流下泪水。溥仪倒是有不同的意见，当面说想当军人大可不必替张学良做事，可以去日本士官学校，现在应该学习日语。

载沣没有反对溥仪的安排，无可奈何地听之任之。他下定决心，一定把最小的孩子溥任留在身边，谁也别想再带走这个孩子，谁也别想让他步入政坛，那是自己最后的依靠。第二年，溥杰被送到日本，投考日本陆军士官学校，淹没在政治洪流中。

溥杰走后，次女韫龢、三女韫颖也有了去日本学习医学的想法。她俩先跟溥仪说了，托长兄与父亲沟通。载沣得知后表示微微

载沣在长春与家人合影（右四为载沣，右六为溥仪）

的赞许，姐妹俩非常高兴，准备好了路费，安排好了行期。过了几天，载沣突然不同意了，大概是怕两个女儿一去不复返。

溥仪到东北后，在日本人的支持下建立伪满政府，很多清室皇族都在里面担任职务。载沣不赞同投靠日本人的做法，但对日本人保持着皇室表面上的尊荣有一定的认可。当溥仪要把两个成年的妹妹韫龢和韫颖召到长春时，没有明确反对。

清室皇族一直有指婚的传统，载沣、溥杰等都是通过这种方式建立家庭的。溥仪贵为帝王，当然有指婚的权力，很快把二妹韫龢指配给郑孝胥的孙子郑广元，两个人结婚不久去了英国。三妹韫颖被指配给婉容之弟郭布罗润琪，两个人青梅竹马，亲上加亲，有较好的感情基础。

子女陆续长大成人，离开了父母的怀抱，寻找自己的生活，这是人间常态。载沣明白这个道理，却总是不愿意接受。

## 东北探亲

子女纷纷离开，令载沣感受到越来越多的落寞和孤单，他对子女的思念越来越深切。1934年，载沣再也按捺不住思念的心绪，与溥仪商定趁溥杰暑假归国的机会，去长春做一次私人探望。之所以定位为私人探望，是不想沾染政治色彩，更好地与家人共享天伦之乐。

7月的一天，载沣高兴地走出金公馆，踏上探望亲人的旅程，同行的有四女韫娴、五女韫馨和四子溥任，由天津坐船出发。经历一天的船舶劳顿，终于登上大连码头。袭封的恭亲王溥伟已经等候多时，热泪盈眶地请安，一叙二十多年的离别之情。稍事休息后，载沣坐上开往长春的列车。他并不感到疲惫，因为火车行走在大清龙兴之地，去见的是自己朝思暮想的子女。

窗外的高粱大豆整整齐齐，树木郁郁葱葱，一望无际的平原上满是绿色。这里是满洲兴起的地方，处处都有与明朝征战的痕迹。想当年太祖太宗的丰功伟业，另一个摄政王多尔衮跃马扬鞭，多么威武雄壮。现在的东北已经沦为殖民地，名义上恢复了"满洲国"，不过是傀儡皇帝在当政。爱新觉罗没有了往日的雄心壮志，也没有了往日的英明神武。火车行驶在熟悉的土地上，已经不再属于他真正的主人。性情再豁达的人，心中也会泛起涟漪，前尘往事回首中默默无语。载沣始终保持着沉默，没有过多的笑颜，也没有太多的悲伤。既然已经下台，无法再重建大清王朝，那就放弃政治，回到家庭的温情中。

当一声汽笛响起，列车终于驶进长春站。伪满洲国要人郑孝胥、宫内府大臣熙洽和"国务总理"张景惠等人列队等候。溥仪为了烘托欢迎的气氛，派出自己的侍从武官率领全副武装的护军列队欢迎。整齐的仪仗、齐鸣的鼓乐、耸动的人群和笑容满面的官员们，把整个欢迎会烘托成了一个盛大的节日庆典，这是亲人的温暖。载沣在车队的护送下抵达伪皇宫，溥仪早已在西花园门口等候多时。

　　载沣终于见到了朝思暮想的溥仪，心情无比舒畅。周围站立的仆人和卫队在他的眼中并不重要，他只喜欢看着子女们互相之间的亲热与嘘寒问暖。进入下榻的住所，溥仪率领家人以家礼跪安问候，然后共同出外参加宴会。溥仪每天都安排上好的菜肴，甚至为了迎合父亲的饮食习惯，准备了很多京津特色菜系。

　　家人之间的交流令人愉悦，似乎忘记了政治的浸染。虽然如此，还是偶有杂音。第二天晚上，溥仪抱怨说，自己的护军队伍去车站迎接，竟然遭到日本关东军的严正抗议，声称"满洲国"军队不可以进入南满铁路，以后杜绝此类不愉快的事情发生。"满洲国"是日本人倡导的王道乐土，溥仪是这个"国家"的元首，迎接自己父亲时，却遭到日本人的抗议，无论怎么讲都是一种侮辱。

　　过了几天，政界要人为载沣设宴洗尘。觥筹交错、推杯换盏之际，气氛渐至高潮，郑孝胥趁机提出有一个所谓的"日满文化协会"总裁职位暂时空缺，过去预定由溥仪担任，现在贵为"帝王"，已经不再适合。其他王公贵族和各界要人的名望均不能服众，王爷恰好来此，正好胜任这一尊贵的职位，车马费每年一万元。

　　载沣听到此，一改和颜悦色和沉闷少语，脸色凝重起来。他说自从辛亥革命起，自己就主动退回藩邸，一直在家闲居，从未也不想再踏入政坛。这些尽人皆知，所以万万不能应允总裁的职位。郑孝胥等人还是不甘心，又轮番劝说，怎奈载沣连番拒绝，毫无劝动的可能性，这件事就此作罢。

在长春待了没有几日，载沣看到了风尘仆仆地从日本赶回来的溥杰，多年的思念顿时化作无声的泪水，肆意地流淌。溥仪看到弟弟也很高兴，赶紧命令准备盛大的聚会。载沣对宴会没有多少热情，他更渴望与家人聊天，尤其是晚上共聚。

日本的压力无时不在，形形色色的日本人总是用不友善的目光盯着他。最令人反感的是日本人称他一家是"旧清室关系者"。溥仪是他的儿子，他是名正言顺的父亲，为什么还要加上一个"旧"字。日本人的宣传里，溥仪是元首，"满洲国"是清室的某种延续，是在龙兴之地重建的王道乐土。如此看来，不过欺世盗名而已，是彻头彻尾的殖民地。

有时溥仪怀念在北京皇宫的日子，梦想着再次入住紫禁城，或者到颐和园赏月，甚至梦幻般地描述，带领"满洲国"的军队打进北京城。载沣听到这些总是沉默不语。政治是儿子愿意谈论的，却不是父亲愿意谈论的。家人之间的亲情交流是主要的，不是政治，更不是荒唐地打进北京。

在载沣心里，日本对中国，总是贪得无厌，不是真正地帮助清室。无论是鲸吞还是蚕食，总想把满蒙分离，再肢解整个中国。这是日本的国策，自明治维新即已开始，大正和昭和时代更是变本加厉。陆军中的少壮派感觉侵略的步伐太慢，既在中国挑衅，也在日本搞暗杀，弄得整个东亚血雨腥风。"满洲国"是一个傀儡国家，军队不具备独立作战的机会，日本人决不允许溥仪入住北京。这点人所共知，只有溥仪还在做着春秋大梦。

在长春待了一个月，载沣就厌倦了，他决定回天津。溥仪当然不愿意父亲走，一方面是从安全的角度考虑，长春毕竟有一个相对安定的生活环境，一方面也是考虑到父亲日渐衰老。看到父亲执意要走，溥仪又开始危言耸听，如果王爷一定要回去，那么性命将得不到保障，天津那边已经有传闻，说要暗算王爷。

载沣很淡然，说自己退出政治多年，基本闭门索居，这一点中外咸知，不会有什么危险。溥仪又找一堆借口，比如华北政局不稳，通往天津的客船已经停开，需要等候一段时间。载沣明白这是溥仪的小计谋，也是真诚的关心，只是不想自己离开长春。于是开始装病，不到饭厅吃饭，只吃小点心一类的食品。这让溥仪很担心，赶紧派御医调治，几天不见效果。

载沣明确地告诉溥仪，自己是水土不服，想回天津的金公馆。溥仪还是关切地问询，回到天津是否有绝对的安全，载沣回答闭门索居不会有什么意外，催促赶紧预订船票。

又拖了几日，溥仪怕真急出病来，不再勉强，但提出要把四弟溥任留在长春。载沣一听就急了，无论如何不答应，那是他留在身边唯一的依靠。当初溥杰离开家人去外边闯荡，已经深深刺痛自己的心，如今身边只有溥任，无论如何也不能留下。

溥仪看载沣态度坚决，没有勉强，只是叮嘱溥任回到天津，照顾好年迈的父亲，有困难可以与自己联系，也可以找当地的日本外交官寻求帮助。

又过了几天，载沣踏上去大连的火车，按原路返回。在车站离别时，载沣能够带走的只有溥任，四女韫娴和五女韫馨留在长春读书。送别的场景很凄凉，欢迎仪式上熙熙攘攘的人群没有再来。人情冷暖，世态炎凉，载沣看得太多太多，也经历了太多太多，已经见怪不怪。此时的伪满洲国在日本卵翼下，暂时没有出现颓势，未来或许会像冷清的车站一样，走向不可避免的衰败。

其实从天津出发时，载沣就下定决心不会留在东北。无论溥仪怎样劝阻，他都没有动摇。东北的伪满洲国不是他的祖国，也不是自己的家。他早已从高位上退下来，有着一颗中国人的爱国心，溥仪无时无刻不被监视，贵为"天子"，不过是个傀儡。自己留在长春既不利己也不利人，会不可避免地卷入政治纷争。

曾经远离了政治旋涡，现在不可能再进去，这是他一贯的信念。

## 寓公的苦恼

1934年8月26日，载沣回到了天津的金公馆，接着做寓公。此时的华北政局非常不稳，日本人加快了侵略步伐，中国人的反抗越来越激烈。每日读报的载沣更加关心时局的发展，他害怕国人的抗日情绪蔓延到他的家族，也害怕溥仪不小心惹怒日本人。探亲的欢愉很快就被无助的担忧替代，渐渐淤积的苦闷占据着他的内心，从长春返回不久就病倒了。先是四肢无力，腿脚发软，后来竟然行动困难。六弟载洵请来两位京城的名医，一位中医，一位西医。载沣从来不信医生，也不吃药，碍于情面只得勉强应付。医生开了很多药，载沣一点儿也没吃，都叫下人埋在王府的花园。因为没有得到很好的治疗，腿脚越来越不灵便。他还是闭门索居，读书写日记，心情好时还会乘坐人力车到街上逛一逛。

1937年，卢沟桥事变爆发，日本发动了全面的侵华战争。在天津，日本人封锁了英美租界，限制居民出入。租界区的检查马上严格起来，物资供不应求，整个气氛顿时紧张。远在长春的溥仪听到这个信息，很为载沣担心，派了皇族成员溥修和日本人吉冈安直来到天津，劝说载沣由英租界搬到日租界。吉冈安直是关东军参谋，兼任伪宫内府"帝室御用挂"，是关东军与溥仪之间的联系人，地位不高但权力很大，与溥仪有着非同寻常的关系。这次亲自劝说载沣，可以看出溥仪的重视。

第一天，独自去劝说的溥修碰了钉子。第二天，溥修与吉冈安直一起前往金公馆，吉冈安直没有露面，只是等候在外面的屋子观察动静。载沣再次看到溥修，坚定地告诉他，自己绝对不会搬到日租界，即使是"皇帝"和日本人的意思，他也不会屈从。后来还怒拍茶几，溥修灰溜溜地退出，吉冈安直不得不离开公馆。

溥仪看到事情一时无法得到解决，只好另想办法。四妹和五妹已经成家，载沣没有见过两位女婿，溥仪于是派四妹夫妇和五妹夫妇以探望的名义去了天津。韫娴和丈夫赵琪璠、韫馨和丈夫万嘉熙到了金公馆，载沣很高兴。但两位女婿劝说去日租界，他还是直接谢绝。实在没有办法了，吉冈安直想到了扔炸弹，迫使载沣搬家，遭到其他人的一致反对。

后来，还是亲情发生了关键性的作用。韫娴和韫馨是名副其实的掌上明珠。载沣没有重男轻女的观念，女儿小的时候，就经常陪她们一起玩。夏天，看着她们在庭院玩耍，有时还会演示用一个放大镜把白纸点燃；冬天，漫步在皑皑的雪路，陪她们嬉闹。更多的时候，载沣摇动她们的双肩，听她们发出咯咯的笑声，人生的满足感和幸福感便从心底生发。

现在，自己垂垂老矣，两个女儿轻轻地守候身边，温存的话语令人感动。一生都在努力挣扎，在政治的夹缝中存活，小心翼翼地保护着家族，无非是想得到家庭的温暖。多少年了，这个愿望那么遥不可及。多年的政治浪潮翻来覆去，让人不得自由，载沣像他的父亲一样，需要儿女们的关爱与亲情。

韫娴和韫馨守候在载沣的身边，没有再提搬家的事。一家人温馨地待在一起，似乎有无限的情感要倾诉。载沣很享受这种感受，也很满意这种状况。当然，他也明白两个女儿为什么回到自己身边，也明白儿女们的期盼和担忧。终于有一天，他主动提出要搬进日租界，时间定在1938年2月1日。

搬到日租界伏见街十五号，载沣的身体更加衰微，他已经受不了颠沛和折腾。这次搬家仅是权宜之计，所以戈登路的金公馆没有动。幻想着一旦时局安稳下来，再次搬回那里或者北平的醇亲王府。沉浮不安中，载沣度过了一年，不幸遭遇了罕见的大洪水。

天津租界旧照片

## 第六章 避难中的寓公

1939年农历的七月十五前后，天津城迎来了几场暴雨，本来就淤积严重的海河顿时涨满。伴随着直泄不停的雨水，河水漫过堤坝，向天津城区奔涌，很多建筑被淹没。载沣刚刚午休醒来，无意中看到大水漫过窗前的台阶。家中仆人急急忙忙去堵门窗，无奈肆意的洪水很快就冲破微弱的人力。仆人匆匆背起载沣，邓佳氏和四子溥任随手拿了一点金银饰品，慌乱中到了二楼。前后不到半个小时，整个一层被洪水灌满，水深超过两米，所有家具泡在水中。

载沣看着眼前的洪水默默无语，他担心的是戈登路的金公馆，那里有大部分的家产和醇亲王府传承的宝物。电路被切断，电话打不进金公馆，更让人焦虑。

此时戈登路十六号的金公馆，早被大水淹没，各类家具浸泡水中。负责看护公馆的是醇亲王府的一位老仆人，名叫赵文连，慌乱之中搬到了顶楼，等洪水势头稍缓去楼下查看，无奈很多房间和橱柜都被上了锁，什么东西也取不出来，任凭洪水肆虐。老赵冒着大雨，乘着小船去日租界，日本军警以安全为由不让进去。老赵只好折回公馆另想对策，后来听说可以捎信，赶紧写了一封，给捎信人一点儿小费带给载沣，报告了所有的情况。

载沣接到信后更加着急，不知道如何是好。自己行动不便，无法亲自探看。溥任此时已经成年，怕载沣急坏了身体，赶紧托人想办法，费尽周折才办理了一张可以出入租界的通行证。客观地讲，载沣非同一般的身份，决定了日本军警会给他提供方便。

第二天，云收雨霁，天空放晴，载沣赶紧让邓佳氏带着溥任划船去金公馆。伏见街和戈登路相隔不过三四公里，已经变得寸步难行。洪水还在缓缓地流淌，水上浮动的破烂杂什从船边漂过，不时还有木头家具撞击船头。街道两旁的屋顶上站着人，张望着等待救援人员，处处都是难民，处处都是洪水，情景凄凉。进入戈登路，水面开阔很多，小船摇到目的地。金公馆没有上锁，大门自然地敞开，好像一直盼望着它真正的主人。

老赵迎接邓佳氏和溥任进来，将船拴在一根楼柱上就上了顶楼。稍事休息后，溥任从母亲手里接过钥匙，与老赵一起去库房查看。楼里的水深一米多，溥任全身被浸透。他将钥匙插入锁孔，怎么也打不开已经锈死的锁头。没有办法，只好用铁榔头连锤带砸。开门一看，箱柜全都泡在水里，有的还漂浮在污水的表面。

溥任和老赵费了九牛二虎之力，将箱柜逐一搬到了楼上。里面的皮衣和细软早已面目全非，历代传承的名人字画和线装书模糊一片，无法再修复，贵重物品毁坏殆尽。返回伏见街时，溥任又在水中摸了一会儿，终于摸到了一只印匣，内存的"和硕醇亲王印"不知去向。溥任把带去的食品和一些生活必需品交给老赵，并给他在二楼安排新住处，带了一些被水浸泡过的衣物怏怏而归。

载沣看到邓佳氏和溥任忧苦的面容，再听完金公馆的惨状，沉吟半晌后长长地"唉"了一声。邓佳氏停顿了片刻，终于说出亲王金印不知去向，只剩下了印匣。载沣马上追问，是否在水中找过，为何没有找到。邓佳氏安慰了一番，答应明天再去找找，一定把金印找到。

"和硕醇亲王印"是载沣父亲留下的宝物，是两代醇亲王尊贵地位的象征，也是醇亲王府最重要的传承圣物。金印半尺见方，总重一百三十八两，赤金锻造而成，由慈禧钦赐。若论价值，损失的字画远远比金印值钱，但金印是载沣最在意的宝物，甚至说是特殊命脉所在。

第二天一早，载沣嘱托家人千万找到这颗金印。邓佳氏和溥任带了几个临时工，再次前往金公馆寻找，顺便清理被浸泡的衣服。小船慢悠悠地滑行，进了戈登路十六号的金公馆。邓佳氏去了二楼，溥任带雇工去库房寻找。水实在太深，大家只好依靠双脚在水底寻找。怎奈水底的淤泥几寸厚，寻找起来颇费周折，忙活了半天也没有找到。

后来，溥任要求大家每人负责屋子的一个角落。这一招着实见效，很快有一个雇工说脚下有块砖头一样的东西。拾起来一看，正是丢失的"和硕醇亲王印"。溥任赶紧把金印冲洗擦拭干净，返回伏见街交给载沣。

看到这颗失而复得的金印，载沣热泪盈眶，仔细端详了一阵才交给邓佳氏，嘱托千万要精心保管。到了9月初，大水没有退却，载沣萌生了回北平醇亲王府的想法。住在伏见街本来就不是初衷，金公馆浸泡得不像样子，正好以水灾为借口离开。此时的北平伪政权已经建立，大规模的军事冲突停止。

当载沣向日本人说明情况，日本人没有阻拦，因为保护溥仪的生父是很大的负担，稍有不慎就会受牵累。溥仪听完载沣的想法，在电话的那头沉默半响，担心天津的水灾会给父亲的生活带来诸多不便，所以没有再阻拦。

载沣搬回北平仅用了三天，一方面因为所带的贵重物品损坏殆尽，另一方面害怕日本人反悔，阻碍他的归程。一切工作删繁就简，将残存物品存储在伏见街的小楼，戈登路的金公馆仍由老赵看管，大部分房间又被锁起来。

1939年9月13日，载沣全家分乘了几只小船，在大水中离开伏见街。到了天津火车站，登上一列由日本军警严密保护的专列。想当初从北平匆忙来天津，火车走了一天还未到，恐惧与无助无时无刻不占据着内心。此次火车只行驶了几个小时就返回目的地，十一年类似"政治流亡"的生活就此结束。

踏上北平的一刹那，载沣下了决心，无论世事如何变幻，他将不再流亡，要在他一生眷恋的北京终老。

# 第七章 终老北京

## 六十大寿

  1939年秋天，几经波折，载沣回到阔别十年的醇亲王府。呈现眼前的是一幅荒凉景象，朱色门漆剥落变白，砖缝和瓦脊长满一团团蒿草，时不时有狐鼠跳来窜去。或许世事本来无常，人气旺盛的王府，早就门前冷落；一度美轮美奂的亭台楼榭，已是风华不再。曾经富丽堂皇，如今一片萧条。

  从晚清到民国，多少位尊权重的人倒下去，多少低贱卑微的人爬上来，多少人攀龙附凤成了显贵，多少人在无情的变幻中留恋往日的辉煌。此情此景，纵使再怎么豁达，也难免唏嘘。执掌权柄时的风光，偶尔掠过心头，难以在心头激起波澜。昔日的监国摄政王，随遇而安早成习惯，顺从命运已成本能。

  重回昔日府邸，载沣仅仅带着几十个仆人和家丁，家人也只剩下六口。空荡荡的旧宅让载沣突然间感到极不适应，心仿佛被一些说不清道不明的东西堵塞。他决定不搬回原先居住的王府正宅,而是住在花园西侧的益寿堂和畅襟斋。

长期闲置的房屋已经有一些破损,载沣请人做了简单修缮。有了在天津住洋楼的经验,他习惯了一些便利的设施,厨房里添置了电炉。厕所也被改装一番,没有抽水马桶,就在地板中间挖一个长方形的坑,放入长抽屉,在抽屉底下铺上细沙。方便之后,下人从外面抽出旧屉,换上铺满细沙的新屉。回到房间,仆人已经准备好洗手水和漱口茶。

暖气没有办法装,在冬天只好用煤炭火炉取暖。起初王府里不用烟囱,先在室外将炉子生着,再移进室内。看着通红的火炉,载沣说有点眼晕,几次要求把火炉搬出去。仆人赶忙把这个情况报告溥任。细心的溥任发现载沣中了煤气,于是把炉子装上烟筒,并将炉盖盖紧。

载沣这才感觉头脑清醒了很多。他一直不明白自己吸入了过多的煤气,还以为是看见火就出现的不良反应。照理说年轻时学习过西方的自然科学,平时读书看报,各方面的知识还算渊博,不该出现这种情况。但落实到实际生活,他的头脑像一块白板。

与载沣同住的有侧福晋邓佳氏、四子溥任夫妇和两个小女儿韫娱、韫欢,还有一些下人。大清已经灭亡二十余年,王府早已失去昔日的威风。旧时的王府编制颇为庞大,设有长史、管事官、随侍处、司房、厨房、茶房、更房等近二十个机构。仅更房就分为东西两组,轮流值夜巡更。时过境迁,更夫早已不知去向。

过去的繁华已成往事，载沣还在最大程度地保持着旧时的习惯。

清晨的热茶照例是必备品，每天子女们的请安必不可少。载沣的回答还是那么刻板，比如今天天气好，或者今天天气不好一类的话，最后通常加一句"去玩吧"，随后开始读书、写日记、看报纸，察看当天的信件。他与溥杰频繁来往书信，无论溥杰在日本求学还是在伪满任职，很少间断。总计下来，他先后写过几百封信，也收到溥杰几百封信，可惜有些信件，如今未能保存下来。

花园里的生活淡然从容，载沣多想就这样一直过下去，像醇亲王府旁边的后海一样平静。但是生逢乱世的人们无论对太平日子多么渴望，很难遂心如愿，烦心事还是会找上门。日本人为了严密控制溥仪，一直希望载沣去长春，名正言顺地把载沣绑在政治的列车上。他们始终不相信曾经的大清监国摄政王对权力没有一丝留恋，也不相信载沣与溥仪之间的差别那么大，儿子积极地筹划满族人复兴，父亲却无动于衷，甚至冷眼旁观。

溥仪也有自己的想法，"新京"的条件毕竟好一些，不像北京长期处于军事管制，几次三番请载沣到长春，都被顶了回去。不信邪的吉冈安直要亲自出马，劝说载沣搬迁。吉冈安直是溥仪的军事顾问，一个超级自信的人。他认为载沣会像溥仪一样容易控制，夸下海口说此事十拿九稳。

带着丰厚的礼物，吉冈安直来到醇亲王府求见载沣，态度异常谦恭，点头哈腰地说明了来意。他说北平很危险，"新京"大大的安全，希望载沣到长春与儿子相见，这是"满洲国"人民的需要，也是各位王公贵族的期盼，更是"皇帝"最惦记的一件事情。一眼看透日本人图谋的载沣直接拒绝，说自己年老多病不适宜搬家，在北平住了几十年，已经习惯了；东北是苦寒之地，去长春怕是住不惯；自己早与政治绝缘，再度卷进政治旋涡，非心中所愿。

吉冈安直见载沣不同意，想慢慢软化他，经常到王府做客。载沣十分恼火，忍耐力到了极限。有一次，吉冈安直威胁载沣说，王爷必须去"新京"。这可伤害了情面，载沣怒了，一反常态地摆起王爷架子，大拍桌子，厉声训斥。吉冈安直看到载沣的决心已定，一时半会难以劝动，又不能真的用强用狠，只好灰溜溜地返回长春。逢人就说，载沣性格坚毅，不受他人左右，中国人常说姜还是老的辣，看来所言不差。

吉冈安直作为一个侵略者，习惯了和没有骨头的卖国贼打交道，怎知载沣对国家民族大是大非的坚持。让曾经的监国摄政王装作看不清日本人的丑陋嘴脸，同侵略者在一张桌子吃饭，还要表现得与有荣焉，未免太异想天开。溥仪这些小辈，差点火候，瞎胡闹也就罢了。曾经掌握国家权柄的载沣，怎么可能不知道东洋鬼子的狼子野心，又怎么可能忍着恶心和衣冠禽兽厮混。

经过这一番折腾，载沣的心情很不好，健康状况急剧恶化，糖尿病随之加重，伴随着腰痛、尿血、呼吸困难等症状。医生调治两个多月，才可以用轮椅在屋里转转。碰到天朗气清的好日子，倘若心情不错，就让下人用藤椅抬着到西花园闲坐一会儿，享受一下自然风光。

花园里的萧瑟和平静很快被一件盛事打破,即载沣的六十大寿。按农历计算,出生于癸未年正月初五的载沣,在1942年正值六十岁。六十一甲子,代表着天干地支一纪的轮回,对中国人来说具有非同一般的意义。载沣平时不爱热闹,对排场应酬毫无兴趣。每年生日,既不办庆典,也不摆酒席,更不会请平津名伶唱堂会,最多就是与前来行礼的子侄辈寒暄几句,全家人吃一顿团圆饭。况且身体日见衰老,子女天各一方,很难相聚在一起,也没心情过生日。春节时,载沣在日历上留下了"年复一年,不胜今昔之慨",足见沧桑的心境。

无论是基于清宫礼仪,还是出于父子之情,远在长春的"皇帝"都不能不惦记父亲的生日。溥仪本人不能亲自前往,派了溥杰及其夫人嵯峨浩作为代表到北平祝寿。载沣的七弟载涛平素喜欢热闹,在他的一再劝说之下,载沣不得不顺着亲人的心意,由弟弟和亲人主事,王府准备酒席宴会,请人到府里演节目,热热闹闹地欢迎第一次上门的儿媳嵯峨浩。

春节刚过,溥杰夫妇从长春赶到北平,王府极为隆重地欢迎这位日本贵族家庭出身的儿媳。本来全家住在花园,可以在花园大门迎接,为了体现正式和尊重,特意让她从王府正门进入。溥杰夫妇刚一迈进正门,全府的仆人立即跪在地上迎接,行三跪九叩大礼。嵯峨浩作为贵族后裔也曾出入日本皇宫,熟知东方皇室的排场。即便听溥杰讲述过王府的气派,还是被这个场景震撼,不禁感慨即使

溥杰与嵯峨浩

日本皇室的仪仗,在醇亲王府面前也会黯然失色。

嵯峨浩进入王府大门,被引导着穿过一重又一重的门庭、院落、走廊和小桥,来到载沣居住的花园。载沣在畅襟斋接见这位异国儿媳,嵯峨浩是日本人,仍然按照前清礼节向公公屈膝,行了一跪三叩的拜见之礼,献上精心准备的寿礼和亲笔所写的祝寿词。大清王朝已经远去,非我族类、其心必异的念头早已变淡。看到这个异国儿媳如此性情温顺,还懂得清宫旧礼,载沣十分喜欢,让仆人把祝寿词挂在墙上,供客人们欣赏。听着啧啧称赞,他觉得新儿媳知书达理,有她陪伴,也算溥杰人生之幸。

载沣看着眼前的溥杰非常高兴,这不单单是因为长久未见,更因为作为醇亲王府的继承人,溥杰已经成长为英气果敢的男人,承担起家族的希望。载沣不满意溥杰过分地参与政治,但人各有所愿不能勉强,子女们已经长大,应该有个人的选择。此时回到醇亲王府,溥杰带回一位贤淑端庄的媳妇,让载沣发自心底地满意。

中午,全家人在食堂里吃饭。桌上放着各种西式小吃,热菜用明清官窑烧造的瓷器和纯银器皿装盛,被不断地端上来。嵯峨浩受到特殊优待,别的女子必须按旧礼站着,只有她被允许坐下。

晚上,王府摆开了宴席。在仆人的引导下,溥杰夫妇和其他亲友来到宴会厅。宴会规模很大,出席的人除了家中长辈和亲近子侄,还有故旧新朋。首先上的是餐前小点,多是各类干鲜果品,正式开席以后上的是中西合璧的菜系。

醇亲王府仿佛是一个远离现实的神话世界,嵯峨浩从没有见过如此宏大的场面。她惊叹食物的精美可口，也惊叹王府残存的繁文缛节和仆人细致入微的侍候。眼前的一切那么新鲜，在王府生活的两三天像是迷了路，走进了另外一个迷宫。

生日庆贺有条不紊地进行着，子女们在意想不到的时候到来，让载沣感到愉悦。除了溥杰夫妇，二女儿韫龢夫妇也来了。住在府中的溥任夫妇及六女儿韫娱、七女儿韫欢和载洵、载涛的家人悉数到场，寒暄中表达着渴望许久的祝福。

溥杰送了四份寿礼，还送了一千元伪币。在日本的三女儿、四女儿、五女儿也和她们的丈夫各自托人送来四件寿礼。王府祝寿礼从来都是四件，取四平八稳或四季平安之意。最令载沣欣赏的寿礼是四女婿赵琪璠所书的一副对联："云鹤翩翩寿最高，苍松韧韧福绵长"，工整雅致，含蓄隽永，寄托着浓浓祝愿。

寿堂设在花园正殿"畅襟斋"的外屋，正中挂着老寿星的画像，祝寿典礼也搞得很有排场。寿堂里、走廊上以及院子天棚里，挂满了亲友们赠送的寿联。载沣没有出面接见大多数晚辈，晚辈献上寿礼，对着寿堂正中的老寿星像行礼后便转身告退。

唱戏是王府祝寿不可缺少的节目。载涛与北平梨园界关系甚笃，请来马连良、孟小冬等名角在花园小戏台唱堂会。孟小冬演了出《盗宗卷》，马连良演了出《游龙戏凤》，都是压轴戏。大鼓、相声等节目也不可少，全家五六十口人，一起围坐在戏台下观看。载沣坐在轮椅上静静地看着，对演出非常满意，精神好了很多。

醇亲王府里锣鼓喧天，热闹非凡，吸引附近的不少居民涌进府内。主事的溥任热情地接待,弟弟载涛也在忙前忙后。大清灭亡二十余年,民国都经历了几次政治变革。王府早已不是戒备森严寻常人不得进入的禁地,王爷早没了位尊者的架子,民众也非昔日口称奴才的大清顺民。历史时空的更换带来人际关系的变化,这种变化是载沣乐于看到的。

人生有聚就有散,聚时欢喜,散时冷清,飘零的乱世更是如此。祝寿后仅三天,溥杰夫妇、韫龢夫妇和载洵纷纷离去,这次祝寿成为载沣一家人最后的欢聚。看着辞别的亲人,载沣心中涌起无限的感慨,如果上天再给一次机会,他不会选择生在帝王家。最是无情帝王家,为了一丁点的权力,父子兄弟、骨肉至亲都能斗个你死我活。即使王朝凋零,旧时帝王家哪怕一只燕子待得久了,也会引起当权者的胡乱猜忌。平民百姓家虽然清贫,起码夫妻之间还有实在的温情,父子兄弟之间还有打不断的亲情。

多想亲人聚在一起的日子天长地久,多想一家人暖暖地围聚在一起,说些关乎柴米油盐酱醋茶的闲话。越是简单的幸福,载沣越是可望而不可得。

## 侧福晋去世

生老病死,福祸无常,无论是寻常百姓,还是天潢贵胄,都逃不脱这一规律。六十大寿的喜庆刚过去,醇亲王府上空飘来一朵乌云,侧福晋邓佳氏的病体日渐沉重。

1942年春节后,邓佳氏染病。开始时,她只是感觉腿有点痛,渐渐地两条腿变得麻木,后来竟然和载沣一样不能独立行走。载沣看在眼里,急在心上,赶紧叫来七弟载涛,请他出面延请几位京城的名医。

起初,邓佳氏还能勉强下地配合大夫诊治,吃了很多服中药,还是没什么效果,病情日渐加重,只好躺在床上,歪着头请大夫诊治。载沣心里焦急,又请来协和医院的著名西医刘世豪。刘大夫诊断邓佳氏患了急性脑膜炎,开了一大堆西药,每天定时打针吃药。因为已经耽误了治病的最佳时间,纵然华佗再世,也难以妙手回春,邓佳氏的饮食一天比一天少。

载沣心里一片冰凉。他不信医生的信条头一次变了,满心渴望着有位杏林圣手出面解救,让邓佳氏长命百岁,与自己白头偕老。然而,事情的发展往往与人们的期望相反。

7月初,邓佳氏几次病危,生命快要走到尽头。载沣无奈,只好给外地子女发急电,催促他们回来与母亲见上最后一面。四女儿韫娴、五女儿韫馨风风火火地从日本赶回。弥留之际,邓佳氏的眼皮都抬不起来了,说话的力气也很微弱。在儿女们撕心裂肺的呼唤中,"哼"了一声便去了天国。

邓佳氏的去世给载沣留下难以愈合的心理创伤,哀感弥深,悲恸不已,不住地流泪。他强拖着病体让家人操办丧事,载涛也赶来帮忙。一切都按旧礼进行,醇亲王府请来了成队的和尚道士做法事、放焰口。王府又一次热闹起来，不过这次是丧事。尽管时值三伏，醇亲王府还是坚持停灵二十一天。

邓佳氏生于 1897 年，原本姓刘，1913 年进入王府，父亲是普通的汉人。瓜尔佳氏还在世时，为了展示正室的宽宏大量，没有阻挠，平静地接受这个侧福晋。王府内没有举办婚礼，因为侧室没有资格结婚，邓佳氏跪下问好，载沣赐了一柄如意就算了事。

按照清朝规定，汉人或者汉军八旗的女子嫁入王府，要在姓氏后面加一个"佳"字。在嫡庶界限森严的社会里，侧福晋地位很低，溥仪和溥杰从来不向她请安，也不称呼她。邓佳氏的母亲和哥哥来王府探望，从来没有被作为宾客招待过，仅仅是以家人的名义探望她个人。他们不能在王府随便走动，只能去她的住处，见了王府的阿哥和格格们，还要像奴才一样毕恭毕敬地请安，这是邓佳氏作为侧福晋的不幸。

在王府内，生男孩是侧福晋提升地位的最好方式。邓佳氏诞下两个儿子，府中地位有了明显改变。已经退位的溥仪册封她为载沣的侧福晋，赏赐一套凤冠霞帔，才算提升了地位。邓佳氏与瓜尔佳氏的地位无法相比，直到瓜尔佳氏和载沣的母亲刘佳氏去世后，她主管整个王府，才算真正有了地位。

邓佳氏是个要强的人，不像那些锦衣玉食的女人，整日里游手好闲无所事事，专事谈天八卦。她进府之后十分认真地学习汉字，还学会了记账。王府经济每况愈下，内外事务都靠她一手操办。载沣开玩笑称她账房太太，如果不是她的精打细算，王府生活可能更艰难。

天津寓居时,载沣一家住在一座二层小楼,上下各只有六间房。四子溥任 1935 年结婚后,住房明显地紧张起来。邓佳氏发挥聪明才智,在小楼一侧接盖了上下两层住房。新房与原来的建筑巧妙地融为一体,从外观上看不出明显痕迹。来往的宾客都对这种巧妙的建筑设计赞叹有加,认为邓佳氏是载沣的贤内助。

后来这件事情在爱新觉罗家族中广为流传,邓佳氏精明能干的形象十分突出。女子无才便是德,说的是那群王妃、格格们毫无理家的才能,也不需要她们去打理家务。邓佳氏的这种精打细算在以前被嘲笑,但在乱世中承担起生活的重担,获得了很多人的赞誉。

邓佳氏脾气急躁,对待子女缺乏温情,与瓜尔佳氏完全不同。子女小时,邓佳氏总是因为一点小事大发雷霆,使得子女们不愿意亲近她。后来子女们长大,邓佳氏才改掉动不动就训斥人的习惯,但是急躁固执的脾气依然如故。

邓佳氏掌控王府的财政后,说一不二,做的决定绝难改变,在王府内令人敬畏,这一点和生性温和宽厚的载沣明显不同。有时载沣怕对别人严苛,不愿意让她管理某些事情,惹得她牢骚不止。

邓佳氏和载沣通过媒妁之言走在一起,结婚时谈不上感情。三十年的共同生活,让两人有了很多相同的爱好。譬如他们都喜欢看报和读小说,都爱听京剧,尤其爱听梅兰芳的戏。邓佳氏的爱好更多,她有一副美妙的嗓音,还会弹风琴,用照相机拍照片,或画一些工笔花卉。她最喜欢画牡丹,牡丹几乎成了绘画的主要题材,送给子女的扇面上，一一画上了或白或红的牡丹。这让载沣的生活多了一些色彩和活力，两个人有些闲话的谈资。

老来伴，老来伴，人老之时有个伴。上了年纪，身边有个人陪着照顾着，互相唠唠家常，时间过得轻松一点儿、快一些。邓佳氏死后，载沣一时不知道日子要怎么过，身体也一天不如一天。他总在回忆过往，给子女讲述清宫旧事的兴趣越来越淡。他的腿脚越来越不灵便，渐渐地离不开轮椅，甚至坐在轮椅上的时间也慢慢减少，不得不僵卧在床。

1943年除夕，王府里显得格外寂静冷清。没有爆竹声声，也没有喜庆气氛。去年还是六口，今年只剩下五口。除夕夜，全家人守在畅襟斋，等待着新年的到来。饭菜端上来，载沣想起侧福晋，迟迟没有坐下。邓佳氏死去半年，载沣的心情始终没有调整过来，过了很久才坐在餐桌旁，子女们和仆人们向他拜年，吃完了这顿不知滋味的年夜饭。

漫长的冬季终于过去，春天悄悄地来临。溥任的妻子已经怀孕有几个月，全家人的心情总算好了一些。载沣一直想抱个孙子。在载沣心里，孙子是血脉的延续，能够继承家业。按照爱新觉罗家族的传统，"溥"字后面应该是"毓"字。载沣急切地给还没有出生的孙子起名，这个还没从娘胎里降下的孩子得名"毓嶂"。"嶂"字是威严雄峙的意思，寄寓着对下一代的厚望。

5月3日，四儿媳马上就要分娩了。载沣躺在床上急切地等着好消息，他多么渴望生下来的是个男孩。从上午等到下午，派去的仆人失望地回来。快吃晚饭时，溥任兴冲冲跑过来，说生了男孩。载沣兴奋之余，连问了好几次，确定是男孩吗？溥任坚定地说，确实是男孩。载沣得偿所愿，终于有了第一个孙子，满脸洋溢着幸福的笑容。

他好久没有这么高兴了。1943年，与他出生的1883年同是癸未年。时光荏苒，转眼间一甲子已经过去，时光如白驹过隙。

## 乱世波澜

一波未平一波又起。正当载沣的晚年生活步入幸福时，外面的世界发生了巨大变化，给这个世外桃源一样的王府带来空前震惊，病中的载沣迎来了沉重一击。苏联突然对日宣战，苏军以摧枯拉朽之势，横扫驻扎在中国东北的日本关东军。1945年8月15日，日本政府宣布无条件投降，伪满洲国也宣告覆亡。

溥仪下落不明，溥杰和四个妹妹及其家人逃的逃、散的散，生死不明。载沣一方面担心子女的安全，怕他们有生命危险；另一方面也庆幸自己搬回了王府，为子女们保留住了这最后的栖息地。

载沣每天都听广播、读报纸，密切关注着时局的变化。他为两个儿子和四个女儿的命运担忧。是生是死？是被苏军抓走了，还是被国民政府引渡回来了？究竟在不在中国？溥仪会不会被苏联或者国民政府判刑？

载沣的健康状况日益恶化，两条腿肿得很厉害，手不住地颤抖，连笔都抓不住。他已经很久没有给子女们写信了，此时却比任何时候都渴望收到东北的信件。时间一天天过去，载沣焦急地询问下人有没有收到信，结果什么也没等到。

　　他的生活规律被打破，闲坐在西花园的时间有长有短，谁也不知道该怎么劝他。深秋时节，终于有了溥仪和溥杰的消息。溥杰的妻子嵯峨浩一直住在长春，获知日本投降，带着孩子一路逃到葫芦岛，打算冒充开拓团家属离开中国。被知情人告发，国民政府逮捕了她，押送到上海审判，经过北平时被允许探亲。

　　押送的汽车缓缓进入王府的大门，门口的警卫立即向府内通了电话，仆人们出来迎接嵯峨浩。到了载沣居住的畅襟斋，礼节一如从前。嵯峨浩看到的，还是那双充满关怀和慈爱的眼神。载沣感慨万端，一个劲儿地问"皇上"、溥杰、"皇后"怎么样了。嵯峨浩不忍说出坏消息，只好宽慰公公，说分开时都活得好好的。

　　实际上，溥仪已经被苏联红军俘获，婉容死在中朝边界的一个小镇。久别重逢，嵯峨浩与家人一起吃了馅儿饼。载沣给了一笔钱，宽慰她一旦获得自由，就快回家来。嵯峨浩流着泪离开王府，经历种种困难和波折，终于回到日本。

　　不久，韫龢夫妇带着四个孩子从东北逃回北平，韫颖带着三个儿女也归来，逃难中经历了千辛万苦。真没有想过，金枝玉叶在乱世中成了落难的凤凰。她们被放出来时两手空空，几乎丧失生存能力，一路上做小生意维生，甚至不得不向路人乞讨。她们唯一的希望就是回到北平，投奔老父亲。

载沣从来没有承认过"满洲国"，对"满洲国"也不抱什么希望。恢复大清是不可能的梦，何况还要仰承日本人的鼻息。他没有积极地去做些什么，只是安心做自己的寓公。

载沣早已预感到日本必败，日本投降之日就是"满洲国"灭亡之时。他只能无奈地等待这一天的到来，内心又不希望有这一天。当一切突然到来，他才明白爱新觉罗家族付出的代价多么沉重。万幸的是王府还在，可以给儿女们提供最后的港湾，这是载沣为家人做的最大贡献。宁为太平犬，不为乱世人，乱世人的命运不可预测，一大家子安全地聚在一起是最大的希冀。

抗战胜利，王府面临着被出售和强占的危险。国民党接收北平后，不断有人打听是否租赁或售卖，很多权贵都想住在王府耍威风。好在第十一战区司令长官兼河北省主席孙连仲是载沣的远房侄孙女婿，孙连仲夫妇前来花园认亲戚，让载沣的处境大为改善。

不过好景不长，蒋介石也想在北平买房。孙连仲欲讨好蒋介石，想到了醇亲王府，前来询问载沣的意见。没想到载沣回答得很干脆，坚决不卖。孙连仲碍于亲戚情面，干不出强买强卖的勾当，却也没办法阻止他人的觊觎。

更为可怕的是，国民党的特务看上了王府，甚至住进正房，时常去花园做客。载沣非常着急，怕有朝一日王府被强占，国民政府的新贵把一家人赶出去。事情怎样才能出现转机呢？载沣不止一次催溥任，想个保全王府的万全之策。

1947年春天，溥任在报纸上看到一条消息，国民政府规定所有学校房屋，一律不得强行借占。溥任赶紧和载沣商量，利用王府的空房建一所学校，即可理直气壮地拒绝外人的无理要求，打消他们的觊觎之心。

载沣决定把东院空房腾出来做校舍，接下来的拟定校名颇费周折。载沣指示溥任叫净业小学，原因是醇亲王府前碧波荡漾的后海，又名净业湖，以地得名，十分得当。溥任说，净业小学会跟附近的净业寺重名，人家一听还以为是寺庙办的小学，不如换名字叫竞业小学，取其谐音，又有兢兢业业之意。载沣十分满意。

溥任一边向市教育局办理登记手续，一边请人打制四十套桌椅。这期间，国民党后勤部队几次闯进王府，要求把东院改成国民党伤兵医院。溥任告诉他们，空房已经办起了学校，按照规定不予外借。这些人看到桌椅板凳等物，碍于国民政府的规定悻悻而去。

经过这一波折，载沣庆幸自己的决策，他对溥任说，这个小学一定要办好。1947年9月1日，私立竞业小学经过半年多筹备，终于赶上了新学期开学。载沣以金静云的名字担任董事长，溥任则用金友之的名字担任校长。小女儿韫欢也来抄抄写写，协助父兄做一点力所能及的工作，算是总务主任。学校共聘请三名教师，开设两个教学班。王府内不时传来琅琅读书声，看着孩子们欢快地玩耍，载沣生起新的快乐和希望。

1947年冬季，学校放了寒假，国民党军队不顾政府规定，强行占用了部分校舍，开学以后才撤出。同年夏天，载沣考虑到处境，又开了第二所学校——竞业初级职业学校，董事长和校长仍由载沣和溥任担任。两所学校加在一起，声势壮大不少，阻止他人强占校舍的理由更充分。

竞业初级职业学校总共不过二十几名学生，竞业小学到新中国成立前夕，在校人数已达二百多人。如果学生生活困难，由家人写信说明状况，学校酌情减免学杂费。考试成绩排前三名的学生，学校也免收学杂费。昔日威严的王府大门终于向平民子弟开放，孩子们的欢声笑语给王府带来了朝气。

载沣的初衷是为了保全王府的产业，却在不知不觉中喜欢上了这群孩子。他特意送来年轻时购置的地球仪和标本当教具，偶尔也会去课堂视察，甚至讲授一些天文地理知识，有一次竟然好奇地问溥任，自己讲课应该拿多少工资。可见他这个学校董事长，连学校的性质都没搞清楚。

## 活到新中国

国民党的倒行逆施引起了民众大反弹，城内整天都是游行和罢工，权贵们忙着逃亡，不顾人民的死活。1948年年底，载沣从儿女们口中得知，解放军包围了北平城，随时可能打进来。城内一片乱象，不安的情绪笼罩着整个北平城。为了彼此有个照应，载沣让家人都搬进西侧花园的益寿堂。

隆隆的炮声从城外传来，载沣有了新的担心。为了防止炮弹打进王府，载沣命人用厚棉被将后窗户遮住。屋子里透不过一丝光线，变得非常黑暗，给生活带来诸多不便，家人认为白天可以把被子撤下来，载沣坚决不同意。

载沣的这些怪异举措，在旁人看来很奇特，也很不可思议。炮弹打进来，又岂是几床棉被能够挡得住？就像他得病，不相信医生也不吃药一样，科学和事实统统顶不过王爷一句威严的命令。

载沣一家人在忐忑不安中等待着命运的安排，不知道未来会怎样。国民党的宣传充满意识形态，一直妖魔化共产党，似乎共产党总在杀富济贫，天生是权贵和贵族们的克星。载沣并不完全相信这些。

他看过太多的政权更迭，看过太多的城头变幻大王旗。当年宣统皇帝逊位时，革命党和立宪派把明天描述得无比美好。似乎一旦实现共和，大清国的弊政就会消失，政治清明，经济繁荣，文化昌隆，转眼实现国家复兴，帝国主义束手惊叹。除了没有皇帝，民国和大清一样，甚至比大清还糟糕。北洋军阀倒台了，新的军阀又起来了。蒋介石没有统一中国，日本人打进北平城，国土沦丧，百姓生灵涂炭。

无论外边的世界怎样变化，自己关起门做优哉游哉的寓公，用与世无争的生活态度构建一处世外桃源。日本人那么坏，还是拿自己的儿子做"皇帝"，他不认同这个状况，只能过自己的小日子，当没落的贵族王爷。现在共产党快要进城了,事情会怎样变化?自己是否还能一如既往平静生活?载沣在心里琢磨着,不禁有些担忧。

最让载沣不安的就是"共产"两个字。他听说解放区实行土地改革,没收地主的土地和房屋,分配给贫下中农,还要批斗不听话的地主,城市里有钱有势的人也被抓起来。这些都是真的吗?为什么那么多的权贵富户往北平跑,或者往南方逃呢?他害怕将来城市里没收财产,那样王府的房子将会不保。

正在这时,一封传单送到竞业小学,署名是中国人民解放军。传单是一份油印的宣传材料,上面写着解放军的城市政策和三大纪律八项注意,要求机关、学校、企业等在职人员各安岗位,无须惊扰,也无须逃跑。载沣静静地听着溥任念完宣传材料,特别注意到不拿群众一针一线、买卖公平、借东西要还、毁坏东西要赔这几条。在城市政策里面,规定着保护全体人民的生命财产,城市的房屋不能和农村土地问题一样处理。解放军还保护私有财产,这明显不是"共产",载沣紧张的心顿时轻松了许多。

从那时起,不管谁动员到王府外避难,他都予以拒绝。作为一家之主,他镇静处置,消除了家人的惊慌情绪。

1949年1月,北平和平解放。每天,载沣都要打开收音机,尽可能地了解相关资讯。共产党和国民党的广播他都听,希望能对时局做出一个清楚的判断。他早就没有了政治野心,一心向往的只是和平,满心考虑的唯有自己和家人的平安。傅作义接受了和平改编,解放军进入北平,受到了热烈欢迎,城内一切安稳,王府内外的生活没有太大的波动。

载沣感到这个政权明显不同于以往。无论是与清朝、袁世凯、日本人相比,还是与国民政府相比,现在看到的和听到的都让他感受到一股新鲜的气息。自解放军围城,他就没有出过王府的大门。这一次,载沣雇了一辆洋车特意在鼓楼大街转了一圈,看到了一张张兴奋的笑脸,听到了学生们激昂的歌声,到处是建设者们奋发的口号。

淹没在人群中的载沣,无须怕被人注意,无须担心有人谋害性命。他从鼓楼坐车一直到地安门大街,又从地安门大街转回鼓楼。在烟袋斜街口,他让车夫停在小摊前,亲手买了几串山楂糖葫芦。

这趟京城游非常快乐,让载沣对新政权有了真切认识。共产党进入北平初期,努力引导着社会风气转向良好,很多人都感觉国家朝气蓬勃。面对时代的变革,载沣也有了自己的新想法。一天,他突然向家人宣布,废除沿袭了几十年的请安礼节。

王府旧礼,男的请跪安,女的请蹲安,从北平到天津、从王府到花园,不管外界形势如何变化,请安之礼从没间断。这是大清二百多年的规矩,是尊贵的象征,是祖宗的家法。

新社会提倡人人平等,代表尊卑贵贱和等级之分的请安明显落伍,宣布取消这些繁文缛节,顺应了时代发展的潮流,儿女们和仆人们衷心欢迎。小女儿韫欢听到时,简直不敢相信自己的耳朵,她的父亲确实有了新变化,告别了旧时代,成为中华人民共和国的平等公民。

人民解放军进入北平

韫欢赶上了新时代，尽心尽力地参加中华人民共和国建设，还结识了一个从解放区派到北京参加接管的年轻干部。两人因工作关系接触日多，渐生情愫。

这个年轻人既不是王公贵族，也不是清室大臣的后代，在载沣眼里门不当户不对。经过韫欢的解释和哀求，载沣终于同意婚事。1950年2月，韫欢举行了简单的婚礼，溥任作为代表参加，表达衷心的祝福。这真是一件破天荒的大事，皇家和贵族子女的婚姻向来由皇帝或家长包办，基本出于政治的考量，毫无自由可言。现在同意韫欢自由恋爱，载沣开始以一个父亲的角度为儿女幸福考虑，尊重她们的选择。

中华人民共和国成立后，载沣仍然面临着王府是否出售的问题。当时中央部委纷纷成立，需要在城内寻找好的办公地点。1949年秋天，一位身着干部服的同志进入王府花园，说有要事与载沣相商。溥任出面接待，来人开门见山地讲他是一个部门的高级干部，现在部属的"国立高级工业学校"需要购置房产作校舍，所以问询是否出售王府。溥任听完后不敢自作主张，回答说要与父亲商量，过几天听回信。

载沣思考了很长时间，也找载涛商量了几回，最终下决心把王府出售。这中间有对时局变化的无奈，也有时代变革中的顺势而为。本来在他的头脑中，王府属于皇上御赐，是家族的象征，他和子孙要永远守住。为了保住王府，得罪过日本人，也惹恼过国民党的高官，现在改变主意，当然不是心血来潮。新国家呈现着一种朝气，各大部委急需房屋作为办公或生产基地，很多单位中意王府的环境。载沣作为社会的一分子，也想为国家做些贡献。而且，仆人大量离去，空出大批房子，维护费用占去大量费用，出售王府可以减少开支，还能得到一大笔钱，补贴子女们的日常开销。

几天以后，溥任代表载沣把醇亲王府出售，价钱为九十万斤小米。载沣和儿女们商定，将售房款的一半留给自己另购住房，一半由八个子女即溥杰、溥任、韫龢、韫颖、韫娴、韫馨、韫娱、韫欢平分，让他们到外面买房或是租房住。溥仪已经过继出去，按规矩不能分王府财产。正值秋天，几个儿女到载沣跟前辞别，花园里的鲜花争奇斗艳，无限美景成为最后的留恋。

载沣的新家在东城魏家胡同46号，一套三进院子，共有四十多间房。全部现代装修，很实用也很雅致。迁入魏家胡同后，载沣将不少文物捐赠给了北京大学。作为退位的王爷，家里值钱的文物古籍还蛮多。他也卖过一些古董，但从不卖书，一些他视为有纪念和回忆意义的文物，如和硕醇亲王金印、十四包朱批谕旨一直保存着，现在看来这些都极具历史文化价值。

载沣以金静云的名义捐给北大十种文物，包括《大清实录》一百一十二函、《大清会典》八十二函、《畿辅通志》二十四函、《爵秩全览》四十八函、金石拓片两包、大理石插屏一件、大铜炉一件、大铜瓶一件、大瓷瓶一件、海琛号军舰模型一件。1949年12月6日，北京大学收到载沣捐赠的文物，校务委员会主席汤用彤复函表示谢意。在魏家胡同才住了八个月，这所房子又被收归政务院。1950年夏，载沣搬至离魏家胡同不远的利溥营11号。

## 王爷的落幕

　　1950年的冬天，天气出奇地冷，整个大地一片清寒。载沣的双腿已经萎缩得很细，整个人总是团缩在一起，非常虚弱。冬天过后就是春天，载沣却没有度过这个寒冬。

　　一天，载涛过来探望，请他去吃菊花火锅，祛祛寒气，补一下身子骨。载沣静极思动，也想活动一下，享受久违的宫廷美食。菊花火锅流行于晚清宫廷，属上乘餐饮。据宫廷档案记载，菊花火锅以鲜鱼为主，有四生和八生之别，取白菊花撒入汤内，芬芳扑鼻，别具风味，有祛寒解毒、强身壮骨的功效。载涛更是一位出了名的美食家，对菊花火锅进行了独到的改革，依次将鱼片、鸡片、鹿肉、海参、鱿鱼丝、粉丝放入鸡汤火锅中，接着投入白菊花瓣，花味浸入食材，持久地道。

　　吃火锅就是图热闹，一家人围坐在一口火锅旁，上下尊卑的分别自然淡去。载沣晚年疾病缠身，尤其是卖了王府后，很想与家人团聚，享受温馨的家庭之乐。可惜长子溥仪与次子溥杰正接受改造，只有溥任在身边。这顿火锅似乎让他回到了从前，回到了年轻时。外面呵气成冰，屋里热气腾腾，每个人都吃得满头大汗。弟弟载涛酒量很大，以酒助兴，谈兴大发。两位老人回忆起前朝的风风雨雨，时而唉声叹气，时而开怀大笑，气氛非常活跃。

也许受了风寒，载沣回家后一病不起。感冒、发烧、出虚汗、咳嗽不止，后来又并发尿毒症。该来的总会来，该走的总会走，载沣早就看淡了生死轮回，没有拒绝家人请医诊治的心意。京城的国医圣手诊脉之后都摇了摇头，说身子骨太弱了，用猛药怕身子扛不住，下得少缓不及急。没办法只好中西医一块来，打针、注射、汤药都用上了，病情还是一天比一天重。

儿女们隔三岔五地来探望。1951年2月3日，旧历庚寅年的十二月二十七日，眼看就要春节了，载沣没熬过去，平静地死去了，没什么痛苦。溥任和六个女儿都在身边。如果真有什么遗憾的话，也就是长子溥仪和次子溥杰仍在关押，没有办法见上最后一面。

丧事由溥任和载涛出面料理。载涛是位礼仪专家，精通前清典制，与北京红白行业有一些交情。

载沣的侧福晋邓佳氏于1942年7月过世，用上好的棺木成殓，按照清朝旧制用64人大杠抬到墓地。王爷本身的葬礼，不能低于这个规格。载涛和溥任寻遍北京，终于在东城宽街恒茂材厂发现一口金丝楠的重材，在王府大街仁顺材厂找到一口水楠的重材。经过主管白事的狄恒业鉴定，前者是打着灯笼难寻的上品，载涛和溥任毅然高价买下来。

寿材分量重，先以32人抬空棺到家里成殓，次日移灵西皇城根嘉兴寺殡仪馆，停柩于二院的第三层大殿正中。旧时，嘉兴寺以停灵暂厝、承办丧事闻名，多主办富豪或权贵的大丧。被慈禧太后立为大阿哥的溥儁，死后长期停放在这里。寺门口扎花牌楼的杉槁架子，以铁箍固定，一直不拆不卸，这是其他地方没有的景象，可见业务繁多。

1950年春天，新政权取消停灵暂厝的业务，规定在此只能停灵七天，之后必须办理出殡事宜。当时的北京处于社会转型，丧事礼仪新旧并行。中共领导人任弼时入城后病故，成殓后即移灵嘉兴寺，举行吊唁仪式。前清监国摄政王的葬礼在此举行是当时的一件大事，馆方请示管理部门后，同意载涛提出的停灵二十一天请求。

按照旧礼，王府办理丧事要请僧道等大办道场，为亡人做些身后的功德，载沣的丧事简化了这个仪式。只在头七请本庙僧众念了半天经，后来又请了一棚喇嘛经、一棚汉地寺庙的念经，做了一点功德。

作为曾经的摄政王，载沣出殡应该用落地满黄的80人字杠，即黄杠、黄绳、黄垫、黄罩，杠夫戴着荷叶帽插黄雉翎，跟夫执黄色拨旗，上书"王府奉安"字样。这次换做一辆载重汽车拉运，扣上一卷扎制的黄罩，后边载重汽车拉着64个人，分作两班杠夫。汽车上了土路，两班杠夫以32杠轮流抬棺，算是符合了王杠大换班的旧典。

灵柩慢慢行进到下葬的福田公墓。临近中午时，载沣的灵柩换成了16人的软杠，下到已经修好的马道。当时，打响尺的杠头站着指挥整个仪式，在一旁主管白事的狄恒业马上用脚轻轻踢了他一下，杠头才如梦方醒，"扑通"一声跪了下去。按照王府的旧礼，杠头必须跪着指挥王爷下葬，这是清代典制规定的旧例，也是长久以来的祖宗家法。载涛和溥任对整个丧葬仪式很满意，事后叫账房给负责人大笔赏钱。

载沣风风光光地走完人生最后一段路，葬礼办得热热闹闹，吸引很多百姓前去观看。随着新中国对旧习俗的改革，此类风俗渐渐被废除，前清遗老的葬礼被时代抛弃。

载沣的一生横跨几个时代，从一人之下、万人之上到普通公民，有过意气风发，也有过黯然失落，理不清的是是非非，谈不尽的恩恩怨怨，任由后人评说。百年近代史沧桑几度，城头变换过太多大王旗，很多风云人物已被时代洪流湮没，成为历史的失语者。

载沣最大的功绩，就是和隆裕太后一起避免了国家的再次内战，以一个王朝的退出换来了勉强的五族共和。后人多叹惜载沣的平和，甚至懦弱，这多半是内战思维的反应。载沣性情敦厚，有大局意识和国家观念，没有在最终关头，强硬地领导王公贵族们负隅顽抗。谁又能说这不是一种优秀的政治品质，谁又能说这不是对国家民族负责任的表现？

今天，我们重新审视载沣当年的决定和整个近现代史，有理由给当年主张和谈的人们和主动退位的人们一些赞赏、一些掌声。

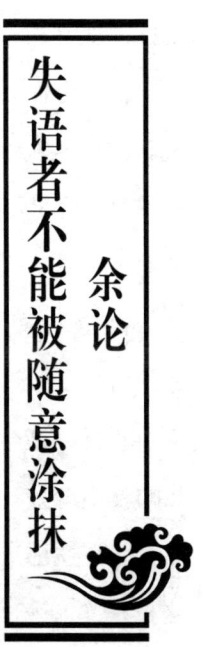

# 余论 失语者不能被随意涂抹

载沣一生,经历了几次政权更迭,身份像走马灯似的变换不停。

在慈禧太后统治下的大清帝国,他是光绪皇帝的亲弟弟,醇贤亲王奕𫍽的爵位继承人。两宫辞世后,他是皇父,是监国摄政王,是整个帝国权势最为显赫的人物。

辛亥革命爆发,南北议和,他回天乏术,被迫让贤,从权力中心退回到醇亲王府。民国风云迭起,他安安静静地待在政治旋涡之外,以一个没落王公的眼光静看群雄逐鹿政坛。

不认同儿子的做法,却无力劝阻,日本人在东北扶植溥仪的傀儡政权，他又成了伪满洲国"皇帝"的父亲。日本人屡屡上门来请，他坚决不合作。

抗日战争胜利，他不再是什么王爷、皇父，无奈地忍受国民党权贵的滋扰。不得已办起一个小学和一个职业学校，成了董事长，时不时地客串一下教师的角色。

解放战争结束，新政权成立，他成了头号战犯的父亲，一家子有好几口接受改造。对于新政权他充满惶恐和疑惑，却为眼见的新气象而欣喜，迎合潮流，废除了王府内不合时宜的规矩，同意了小女儿的自由恋爱。没能熬过几个年头，没能和所有的亲人见上一面，带着些许遗憾离开人世。

这样一个显赫而又复杂的人物，本应该是历史学者研究的热点，却因为种种原因被掩藏在谜团中。如何客观评述他的一生，无疑是个让人头疼而又兴奋的问题。躲不开近代百年历史的重大历史事件，不得不面对材料有限的尴尬，何况世人心中早就存留了一个庸碌王爷的脸谱化形象。

载沣被慈禧从众多候选人中选中，自有其道理，而非因为懦弱好控制。

晚清重臣张之洞盛赞载沣的人品和能力，认为作为远离义和团运动的皇室成员，第一个出洋考察的王爷，开明正直，有公心少私心，在爱新觉罗人才凋零的形势下，可谓少见的俊秀精英。

慈禧太后看好载沣在两宫之间的作用。两宫之间不像康、梁等渲染得那么恶劣，戊戌变法留下的裂痕、义和团运动造成的尴尬始终存在。于辛丑议和后，特意为载沣安排婚事，简拔从政，并在决意放权时立为摄政王，赋予他实际的政治决策权，不能说是失策。

只是载沣不幸，生逢乱世之秋，没机会接受充分的教育和历练，以致资质一般的他能力平庸。即使儿子身登大宝，他贵为皇父摄政王，执掌举国权柄，却因忠厚有余，厉行不足，每遇大事，临机踌躇，不能杀伐决断，放任潜在威胁逍遥在外。处理起满汉矛盾和国家宪政，又自乱阵脚，举措失当，犯下诸多致命错误，终致无可挽回。

隆裕太后本是清末政治架构中的重要一极，但有权柄无能力，有机心无大智，成为载沣主政时的大麻烦。她没有政治决策权，却具有最终否决权。本想重新营造一个叔嫂共主江山的局面，没有料到隆裕太后十余年历练完全不及格，掌控全局的真经连个皮毛都没有学到。叔嫂共主的格局，反而惹出许多事端，徒惹朝堂内外哂笑。

载沣力主保守稳健改革，无奈举国上下早已失却耐心，容不得分毫拖沓。面对国会请愿，载沣原本坚持老太后定下的路线图，却畏于上下鼓噪，无奈做出让步。立宪派得陇望蜀，好好局面弄得不可收拾。保路运动本来是上层政治决策紊乱的产物，倘若在铁路国有和铁路商办之间，任择一策贯彻始终，绝不会闹出天大麻烦。载沣危难临头，还举棋不定，计较，畏首畏尾，怯于担责，无怪乎为别有用心者利用。

辛亥革命后，大潮汹涌，各派力量钩心斗角，殊死相较，闹得不亦乐乎。载沣没有拼命顽抗，而是顺应潮流，急流勇退，也属知进退、识大体。乱世风云中，政治人物像走马灯一样换来换去。虽然只有短暂的辉煌，无数人还是贪恋那"醒掌天下权"的快感。载沣下台后，无论外间风云如何，只是退守小院，读书看报记日记。看着政治舞台上诸般人物的热闹，他只是在旋涡之外，不屑地说声"胡闹"。如此操守，实属难得。

一旦退出权力中心，载沣便很少参与政治，只是专心于家人与庭院。只有涉及皇室尤其是溥仪时，他才会勉为其难地出面做一点事情。等到溥仪和溥杰长大，就不再插手。人各有志，绝不勉强，亦不强求。他重视家庭，不像很多政治人物那样薄情寡义，家中的每个成员对他来说都是亲人。他非常关爱子女，光是给溥杰就写了几百封信，真心地希望子女健康平安。他只适合、也只想做一个太平王爷，享受全家健康平安的幸福。

载沣本属中才之人，也算忠厚之人。在政治大漩涡中，他所思所念唯有保全自己性命乃至国家命脉而已。即使阴差阳错，身居高位，终因缺乏能力、手腕和决断，屡屡铸成大错，每每错失机遇，贻误天下苍生。

在变幻莫测的时代大潮中，载沣虽非弱势群体，却因造化弄人，注定成为历史表述里的失语者。在时代的急流中，这个曾经显赫一时的大清皇父摄政王，没有争取到任何为自己申辩的机会。

人前一时风光，身后无尽凄凉。哪怕曾经威风八面，也难免被人贴上了愚蠢、笨蛋、懦夫的标签。这是个人的不幸，亦是百年巨变中的一曲悲歌。

# 参考文献

（按出版或发表日期排序）

## 著作

1. [日]爱新觉罗·浩：《流浪王妃》，陈喜儒、徐前译，北京十月文艺出版社1985年版。

2. 陈宗舜：《末代皇父载沣》，北方文艺出版社1987年版。

3. 爱新觉罗·溥杰：《溥杰自传》，叶祖孚执笔，中国文史出版社2001年版。

4. 贾英华：《末代皇帝最后一次婚姻解密》，群众出版社2001年版。

5. 凌冰：《格格韫欢》，华文出版社2002年版。

6. 贾英华：《末代皇帝的后半生》，人民文学出版社2004年版。

7. 贾英华：《末代皇弟溥杰传》，人民文学出版社2004年版。

8. 凌冰：《最后的摄政王：载沣传》，文化艺术出版社2006年版。

9. 吕永岩著：《溥仪传》，人民文学出版社2006年版。

10. 郑怀义、张建设著：《末代皇叔载涛传》，文化艺术出版社

2006年版。

11. 爱新觉罗·溥仪:《我的前半生》,东方出版社2007年版。

12. 柳白:《历史上的载沣》,中国工人出版社2007年版。

13. 贾英华:《末代太监孙耀庭传》,人民文学出版社2008年版。

14. 贾英华:《末代皇帝立嗣纪实》,人民文学出版社2009年版。

15. 贾英华:《末代皇弟溥杰传》,人民文学出版社2009年版。

16. 张海鹏主编:《中国近代通史》(第1—10卷),江苏人民出版社2009年版。

17. 雷颐:《走向革命:细说晚清七十年》,山西人民出版社2011年版。

18. 贾英华:《末代国舅润麒》,人民文学出版社2012年版。

19. 贾英华:《末代皇妹韫龢》,人民文学出版社2012年版。

20. 贾英华:《末代皇叔载涛》,人民文学出版社2012年版。

21. 马勇:《清亡启示录》,中信出版社2012年版。

22. 金毓嶂:《生正逢时——清皇族后裔金毓嶂口述家族史》,人民出版社2013年版。

23. 汪荣宝:《汪荣宝日记》,韩策、崔学森整理,中华书局2013年版。

24. 王文锋主编:《溥仪研究(创刊号)》,吉林大学出版社2013年版。

25. 爱新觉罗·载沣:《醇亲王载沣日记》,群众出版社2014年版。

26. 贾英华：《怎样写好人物传记》，中国宇航出版社2014年版。

27. 马勇：《重寻近代中国》，线装书局2014年版。

28. 马勇：《青梅煮酒论英雄：马勇评近代史人物》，江西人民出版社2014年版。

29. 马勇：《百年变局：乱世晚清与民国乱象》，中国工人出版社2015年版。

30. 雷颐：《从甲午到辛亥：清王朝的最后时刻》，东方出版社2015年版。

31. 金满楼：《天命所终大清帝国的衰亡》，江苏人民出版社2016年版。

32. 贾英华：《你所不知道的溥仪》，人民文学出版社2016年版。

33. 贾英华：《杂忆皇城脚下》，新世界出版社2016年版。

34. 孟向荣：《探寻丢失的历史：〈我的前半生〉出版史话》，中国文史出版社2016年版。

35. 郭宝平：《摄政王载沣：大清王朝最后的掌舵人》，现代出版社2017年版。

36. 柳白：《帝国的黄昏：末代皇帝之父载沣画传》，民主与建设出版社2017年版。

37. 马勇：《马勇讲史·晚清四书》，新星出版社2017年版。

38. 马忠文：《荣禄与晚清政局》，社会科学文献出版社2018年版。

39. 雪珥：《绝版恭亲王：风口浪尖上的晚清改革舵手》，中国青年出版社2018年版。

40. 爱新觉罗·恒钤：《晚清皇族困局：恭亲王孙女重说近代史》，中国文史出版社2019年版。

41. 何佳舒：《海棠落日》，中国文史出版社2020年版。

42. 王道成：《慈禧太后传》，北京联合出版有限公司2022年版。

43. 马平安：《奕劻评传：庆亲王与晚清政局》，团结出版社2023年版。

## 论文

1. 李鹏年：《摄政王载沣府第修建始末》，载《故宫博物院院刊》1985年第3期。

2. 李国强：《醇亲王奕譞巡阅北洋海防》，载《紫禁城》1987年第4期。

3. 李国强：《醇贤亲王奕譞的四位福晋》，载《紫禁城》1987年第6期。

4. 彭长卿：《醇亲王奕譞亲书信札及条陈》，载《紫禁城》1987年第4期。

5. 溥任：《奕譞书写格言三则》，载《紫禁城》1987年第2期。

6. 曹振卿：《醇亲王载沣的子女》，载《紫禁城》1988年第1期。

7. 溥任:《缪嘉玉致载沣信札两件》,载《紫禁城》1988年第1期。

8. 曹振卿:《载沣退婚》,载《紫禁城》1989年第1期。

9. 丁进军:《载润致载沣函札两件》,载《紫禁城》1989年第6期。

10. 丁进军:《溥仪致函载沣》,载《紫禁城》1989年第4期。

11. 李学通:《醇亲王载沣使德史实考》,载《历史档案》1990年第2期。

12. 溥任:《奕譞巡阅海防经过》,载《紫禁城》1990年第4期。

13. 丁进军:《载澜致载沣函》,载《紫禁城》1991年第2期。

14. 罗继祖:《载沣和袁定克》,载《史学集刊》1991年第2期。

15. 丁进军:《载沣存札选刊》,载《历史档案》1992年第4期。

16. 温哲君:《浅评载沣集团的历史作用》,载《惠阳师专学报(社会科学版)》1993年第2期。

17. 陈一容:《奕譞与晚清八旗陆军近代化尝试述论》,载《西南师范大学学报(哲学社会科学版)》1995年第1期。

18. 吴筹中:《大清银行载沣像兑换券的种类》,载《中国钱币》1996年第2期。

19. 丁三:《清末醇亲王使德大事考系》,载《首都博物馆丛刊》1998年第12期。

20. 窦月新:《将肃顺就擒?》,载《咬文嚼字》1999年第4期。

21. 吴筹中:《罕见的摄政王载沣像纸币》,载《中国钱币》2000年第2期。

22. 喻大华:《慈禧为何选择载沣摄政》,载《紫禁城》2000年第4期。

23. 李志武:《载沣使德述论》,载《中山大学研究生学刊(社会科学版)》2002年第3期。

24. 王开玺:《载沣使德期间的礼仪之争》,载《紫禁城》2002年第1期。

25. 李志武:《载沣使德述论》,载《华南农业大学学报(社会科学版)》2003年第1期。

26. 李志武:《载沣研究》,中山大学2003年硕士学位论文。

27. 晓尧:《几页书札一段历史——孙中山先生1912年在北京会晤摄政王载沣之探源》,载《艺术市场》2003年第2期。

28. 雷俊:《载沣集权政策与清末政争》,载《荆门职业技术学院学报》2005年第4期。

29. 刘冬梅、李书源:《载沣之误——宣统朝速亡原因新探(上)》,载《通化师范学院学报》2005年第3期。

30. 刘冬梅、李书源:《载沣之误——宣统朝速亡原因新探(下)》,载《通化师范学院学报》2005年第5期。

31. 周迎春、张爱华:《摄政王载沣与清政府的倾覆》,载《贵州文史丛刊》2005年第3期。

32. 潘向明:《论醇亲王奕𫍽》,载《清史研究》2006年第2期。

33. 苏全有、姚腾:《载沣新论》,载《新乡师范高等专科学校学报》2007年第1期。

34. 商鸣臣、李波：《载沣的晚年岁月》，载《春秋》2008年第4期。

35. 杨苏静：《末代皇帝之父载沣的晚年生活》，载《文史博览》2008年第7期。

36. 张兵：《摄政王中无"载澧"》，载《咬文嚼字》2008年第7期。

37. 韩涛：《司法变奏的政治底色——以汪兆铭谋刺载沣案为中心》，载《清华法律评论》2009年第1期。

38. 崔志海：《摄政王载沣驱袁事件再研究》，载《近代史研究》2011年第6期。

39. 傅国涌：《爱好天文的摄政王载沣》，载《文史参考》2011年第16期。

40. 李学峰：《载沣与宣统政局》，中国社会科学院研究生院2011年博士学位论文。

41. 祁建：《辛亥年间的清摄政王载沣》，载《档案时空》2011年第11期。

42. 萧三郎：《载沣：末代摄政王》，载《源流》2011年第17期。

43. 闫芳：《载沣像大清银行兑换券》，载《中国社会科学报》2011年11月24日，第15版。

44. 尹传刚：《清末监国摄政王爱新觉罗·载沣》，载《文史天地》2011年第11期。

45. 崔志海：《美国政府对载沣驱袁事件的态度和反应》，载

《历史教学（下半月刊）》2012年第3期。

46．李学峰：《清末摄政王载沣研究综述》，载《团结报》2012年12月13日，第7版。

47．张杰：《舆论笔下的载沣使德——以〈申报〉报道为中心的考察》，载《乐山师范学院学报》2012年第4期。

48．丁进军：《载沣存札续编》，载《历史档案》2013年第2期。

49．李雪峰：《试论载沣袁世凯之关系》，载《团结报》2013年2月21日，第7版。

50．李永胜：《摄政王载沣罢免袁世凯事件新论》，载《历史研究》2013年第2期。

51．刘占青：《载沣的德国"道歉"之行》，载《文史天地》2013年第4期。

52．李学峰：《载沣与清朝末年的铁路政策》，载《史学月刊》2014年第8期。

53．李凤凤：《清末责任内阁的设立与利益集团博弈》，华中师范大学2014年博士学位论文。

54．刘鹏超：《奕劻贪污与晚清政局》，南开大学2014年博士学位论文。

55．姜叶帆：《清末民初政治转型中的载沣研究》，贵州大学2015年硕士学位论文。

56．赵超：《醇亲王家族府邸、花园、园寝建筑特色及成因探究》，北京工业大学2016年硕士学位论文。

57. 周增光：《失败的集权与立威——载沣驱袁事件再研究》，载《北京社会科学》2016年第10期。

58. 杭持菊：《清代醇亲王府经济支出研究（1872—1911）》，华中师范大学2017年硕士学位论文。

59. 胡乐凯、宋永林：《醇亲王奕譞研究综述》，载《史志学刊》2017年第4期。

60. 胡赛萌：《汪精卫暗杀载沣之谜》，载《同舟共进》2017年第10期。

61. 李学峰：《载沣与清末海军的"兴复"》，载《史学月刊》2017年第7期。

62. 宋永林：《奕譞与甲申政潮》，载《河南科技大学学报（社会科学版）》2017年第3期。

63. 宋永林、李伟强：《奕譞与晚清政局》，载《西部学刊》2017年第2期。

64. 张海荣：《政治联姻的背后：载沣娶妻与荣禄嫁女》，载《近代史研究》2017年第3期。

65. 张继格、高俊：《载沣军事集权论略》，载《安庆师范大学学报（社会科学版）》2017年第1期。

66. 郭晓辉：《从〈醇亲王载沣日记〉看清末政情》，载《哈尔滨学院学报》》2018年第2期。

67. 李春青、刘奕彤：《北京清代醇亲王府南府建筑研究》，载《遗产与保护研究》2018年第4期。

68. 刘福、吴学轩：《浅析载沣为政与清朝灭亡》，载《漯河职业技术学院学报》2018年第1期。

69. 刘福：《"少年新贵"与清朝灭亡关系研究》，新疆大学2019年硕士学位论文。

70. 王译：《载沣清末立宪改革举措探微》，载《大连海事大学学报（社会科学版）》2019年第2期。

71. 刘文华：《戊戌变法前慈禧光绪权力关系二题》，载《清史研究》2019年第3期。

72. 董丽慧：《博弈与错位：从慈禧肖像看晚清国家形象塑造》，载《文艺研究》2019年第6期。

73. 刘琼：《世袭特权与国家治理：宣统朝摄政王载沣的权力观偏差及其成因》，载《史林》2019年第5期。

74. 孙昉，刘平：《论宣统朝载沣与隆裕太后的交替持权》，载《近代中国》2021年第2期。

75. 李欣荣：《臣掌君权：载沣摄政礼节纷争与宣统朝权势新局》，载《清史研究》2021年第5期。

76. 伍媛媛：《辛丑之辱：醇亲王载沣使德之旅》，载《中国档案》2021年第12期。

77. 崔继来，刘廷傲：《清末民初中国社会转型进程中的载沣军事改革》，载《满族研究》2022年第3期。

78. 贾健鹏：《光宣之交的"陈璧案"与载沣的整顿吏治》，载《黑龙江社会科学》2022年第5期。

# 后　记

　　历史是人创造的，众多人物却被埋藏在历史的尘埃里。

　　无论是平凡还是显赫，逝去的个体一旦在时代大潮中沉寂，很难再被人们熟知。即使曾经贵为光绪皇帝的御弟、宣统皇帝的父亲、大清一代监国摄政王载沣，也会被人遗忘，甚至被胡抹乱涂，以致面目全非。

　　改革开放以来，中国近代史研究进入蓬勃发展的阶段。很多历史人物重新进入学者的研究视域，评论逐渐多元和全面。经过多年的积累，多位学者对载沣进行了深入研究，一部分皇族后裔的传记丰富了历史的全貌，没有这些成果的积淀，本书不会问世。

　　陈宗舜的《末代皇父载沣》初步勾勒出载沣的形象。凌冰的《最后的摄政王：载沣传》为人们提供了观察载沣的新视角，在更广阔的历史时空中进行了精当的评价。李学峰的《载沣与宣统政局》研究了载沣作为监国摄政王的政治作为。

　　《醇亲王载沣日记》让我们真切地了解了载沣，感知了字里行间所透露的政治风云和情感世界。《汪荣宝日记》的时间段集中在宣统年间，为我们审视载沣主政大清的所作所为提供了视角。溥仪记述的《我的前半生》和溥杰口述、叶祖孚执笔的《溥杰自传》两本书属于个人传记，让我们有机会看到清室贵族百年巨变中的跌宕起伏。金毓嶂的《生正逢时——清皇族后裔金毓嶂口述家族史》以口述史的形式讲述了一个家族的新生。嵯峨浩的《流浪王妃》以特殊的视角展现了末世王妃在乱世中的无奈与渺小。

前辈们在探究载沣早年、青年、中年、晚年生活和为人处世方面贡献良多，为本书的写作打下了坚实基础。由于篇幅的限制，不能在此将众人的成果一一罗列，对众人一一感谢。

本书创作过程中，一个问题常常萦绕脑际：历史究竟是什么？有人说历史就是过去发生的一切，有人说历史就是你读的这些书，也有人说历史是一种叙事。

每个人由于阅历的不同，思考问题的角度、深度不同，给出的答案也不同。这些答案就仿佛盲人摸象，各有其原因、价值和理念，却并非大象本体。要得到真实的答案，还要靠阅读和思考的读者个人去寻找和判断。

本书并不是一部严格意义上的学术著作，仅仅是一部有学术积淀的书，史料上没有实质突破，只是以个人的视野和对历史的感知，为载沣谱写一首哀伤的挽歌。如果这本书能让读者对载沣有比较清晰的认识，对中国近百年的历史有新的评判，相信能够抵偿购买它的花费。倘若在阅读之余，还能激起对历史的兴趣和思考乃至研究动力，便是笔者最大的满足。

刘大胜

2014年11月1日

# 再版后记

人生如朝露，去日苦多。

回首多年前的出版，恍如隔世，究竟是思绪原本苍凉，还是红尘俗世太多悲哀，很难说清。

满目山河不曾空远，书海遨游尽是停泊的港湾，囊中与心中的求取是下笔的依据。读完了硕士和博士，干了一年行政，做了一站博士后，在纯科研机构逍遥了九年，又在不止一个大学教书六七年，接触了科研院校的学者，任凭四五次良机在指尖划过，总算知道了中国高知的底色。

有人的地方就有江湖，有江湖就有门派、套路，也有实虚、明暗。人在江湖，身不由己，古龙写的那么多武侠小说未必人人读过，留给世人的这句至理名言人尽皆知。

人生不如意常八九，可与人言者二三。有着超越围城的视野与机遇，每个羽毛都闪耀着自由的光辉，却在飞与不飞之间蹉跎岁月。或许希望本所谓有，本所谓无，因人而异，因标准而异。

本次修改增加了若干章节，调整了若干章节，删除了个别段落。虽然还有很多需要完善的地方，总要比原来强一些。希望读者读了这本书能够对载沣乃至中国近现代史有一点点感悟。

人生如蒲公英，再次飘起，不知道什么时候落下，但愿读书人都能不忘初衷。经受风雨是万物生存的常态，风雨之后自然会有太阳出现。无法直视太阳，心中留下阳光的温暖。目之所及、心之所想都是缘分，陪伴着一个人成长。

就讲到这里吧！

刘大胜

2024年1月1日